Taş Devri Mutfak Serüveni

Sağlıklı Yaşamın Kapıları Taş Devri Tarifleriyle Açılıyor

Selin Durmaz

içerik

BIR TORBA RENDELENMIŞ KÖK ILE IZGARA DANA BONFILE

EV ÖDEVI:20 dakika dinlenme: 20 dakika Izgara: 10 dakika dinlenme: 5 dakika Verim: 4 porsiyon

FILETO BIFTEK ÇOK YUMUŞAK BIR DOKUYA SAHIPTIR.VE BIFTEĞIN BIR TARAFINDAKI KÜÇÜK BIR YAĞ ŞERIDI IZGARADA ÇITIR VE DUMANLI HALE GELIYOR. HAYVANSAL YAĞLARA DAIR DÜŞÜNCEM ILK KITAPTAN BU YANA DEĞIŞTI. PALEO DIYETI®'NIN TEMELLERINI UYGULARSANIZ VE GÜNLÜK KALORILERINIZIN YÜZDE 10 ILA 15'INI DOYMUŞ YAĞLARDAN TUTARSANIZ, KALP HASTALIĞI RISKINIZI ARTIRMAZSINIZ; ASLINDA TAM TERSI DE OLABILIR. YENI BILGILER, LDL KOLESTEROLÜNÜ YÜKSELTMENIN ASLINDA KALP HASTALIĞI IÇIN BIR RISK FAKTÖRÜ OLAN SISTEMIK INFLAMASYONU AZALTABILECEĞINI ÖNE SÜRÜYOR.

3 yemek kaşığı sızma zeytinyağı

2 yemek kaşığı rendelenmiş taze yaban turpu

1 çay kaşığı ince rendelenmiş portakal kabuğu

½ çay kaşığı öğütülmüş kimyon

½ çay kaşığı karabiber

Yaklaşık 1 inç kalınlığında kesilmiş 4 şerit biftek (üst fileto da denir)

2 orta boy yaban havucu, soyulmuş

1 büyük tatlı patates, soyulmuş

1 orta boy şalgam, soyulmuş

1 veya 2 arpacık soğan, ince doğranmış

2 diş kıyılmış sarımsak

1 yemek kaşığı taze kekik, şeritler halinde kesilmiş

1. Küçük bir kapta 1 yemek kaşığı yağı, yaban turpu, portakal kabuğunu, kimyonu ve ¼ çay kaşığı biberi birleştirin. Karışımı filetoların üzerine yayın; üzerini kapatıp oda sıcaklığında 15 dakika bekletin.

3. Kömürlü veya gazlı ızgara için biftekleri ekleyin ve sebzeler pişene kadar 5 dakika dinlenmeye bırakın. Sebze torbasını dört servis tabağına bölün; filetoyu üstüne koyun.

TAVADA KIZARTILMIŞ ASYA SIĞIR ETI VE SEBZELERI

EV ÖDEVI:30 dakika Pişirme süresi: 15 dakika Verim: 4 porsiyon

FIVE SPICE POWDER TUZSUZ BIR BAHARAT KARIŞIMIDIR.ÇIN MUTFAĞINDA YAYGIN OLARAK KULLANILIR. EŞIT MIKTARDA ÖĞÜTÜLMÜŞ TARÇIN, KARANFIL, REZENE TOHUMU, YILDIZ ANASON VE SZECHWAN BIBERINDEN OLUŞUR.

- 1½ pound kemiksiz dana bonfile veya kemiksiz yuvarlak kızartma, 1 inç kalınlığında kesilmiş
- 1½ çay kaşığı beş baharat tozu
- 3 yemek kaşığı rafine hindistan cevizi yağı
- 1 küçük kırmızı soğan, ince dilimlenmiş
- 1 küçük demet kuşkonmaz (yaklaşık 12 ons), kesilmiş ve 3 inçlik parçalar halinde kesilmiş
- 1½ su bardağı doğranmış sarı havuç ve/veya portakal
- 4 diş sarımsak, kıyılmış
- 1 çay kaşığı ince rendelenmiş portakal kabuğu
- ¼ bardak taze portakal suyu
- ¼ bardak sığır eti kemik suyu (bkz.<u>yemek tarifi</u>) veya tuzsuz et suyu
- ¼ bardak beyaz şarap sirkesi
- ¼ ila ½ çay kaşığı öğütülmüş kırmızı biber
- 8 su bardağı rendelenmiş napa lahana
- ½ fincan kavrulmuş tuzsuz şeritli badem veya iri kıyılmış tuzsuz kaju fıstığı (sayfa 57'deki ipucuna bakın)

1. İstenirse eti daha kolay kesmek için kısmen dondurun (yaklaşık 20 dakika). Eti çok ince dilimler halinde kesin. Büyük bir kapta sığır eti ve beş baharat tozunu birleştirin. Büyük bir wok veya ekstra büyük tavada, 1 çorba kaşığı hindistancevizi yağını orta-yüksek ateşte ısıtın. Etin yarısını ekleyin; pişirin ve 3-5 dakika veya altın rengi kahverengi olana kadar karıştırın. Eti bir kaseye aktarın. Kalan et ve başka bir çorba kaşığı yağ ile aynı işlemi tekrarlayın. Eti diğer pişmiş etlerle birlikte bir kaseye aktarın.

2. Kalan 1 yemek kaşığı yağı aynı wok'a ekleyin. Soğanı ekleyin; pişirin ve 3 dakika karıştırın. Kuşkonmaz ve havuçları ekleyin; 2-3 dakika veya sebzeler gevrek ve yumuşak oluncaya kadar pişirin ve karıştırın. Sarımsak ekleyin; 1 dakika daha pişirin ve karıştırın.

3. Sos için portakal kabuğu rendesini, portakal suyunu, dana kemik suyunu, sirkeyi ve ezilmiş kırmızı biberi küçük bir kasede birleştirin. Sosu, tüm etleri ve meyve sularını bir kasede wok'taki sebzelerin üzerine dökün. 1-2 dakika veya iyice ısınana kadar pişirin ve karıştırın. Delikli bir kaşık kullanarak et ve sebzeleri geniş bir kaseye aktarın. Sıcak tutmak için örtün.

4. Açıkta kalan sosu orta ateşte 2 dakika pişirin. Lahanayı ekleyin; 1-2 dakika veya lahana yumuşayana kadar pişirin ve karıştırın. Lahanayı ve

pişirme suyunu dört servis tabağına paylaştırın. Etli karışımı en üste eşit şekilde yayın. Ceviz serpin.

ASYA USULÜ VE LAHANA SALATASI ILE SEDIR TAHTA BIFTEK

DALDIRMA:1 saat Hazırlama: 40 dakika Izgara: 13 dakika Dinlenme: 10 dakika Verim: 4 porsiyon.

NAPA LAHANASINA BAZEN ÇIN LAHANASI DA DENIR.PARLAK SARI VE YEŞIL UÇLU GÜZEL BURUŞUK KREM YAPRAKLARA SAHIPTIR. LAHANANIN MUMSU YAPRAKLARINDAN OLDUKÇA FARKLI OLARAK HASSAS, YUMUŞAK BIR TADA VE DOKUYA SAHIPTIR VE ŞAŞIRTICI OLMAYAN BIR ŞEKILDE ASYA TARZI YEMEK PIŞIRMEDE DOĞAL BIR TEMELDIR.

1 büyük sedir tahtası

¼ ons kurutulmuş shiitake mantarları

¼ bardak ceviz yağı

2 çay kaşığı taze öğütülmüş zencefil

2 çay kaşığı öğütülmüş kırmızı biber

1 çay kaşığı ezilmiş Szechwan biberi

¼ çay kaşığı beş baharat tozu

4 diş sarımsak, kıyılmış

4 4 ila 5 onsluk dana bonfile, ¾ ila 1 inç kalınlığında dilimlenmiş

Asya lahanası (bkz.<u>yemek tarifi</u>, uyarınca)

1. Izgara tahtasını suya yerleştirin; ağırlığı azaltın ve en az 1 saat bekletin.

2. Bu arada Asya makarnası için küçük bir kapta kurutulmuş shiitake mantarlarını kaynar suyla kaplayın; Rehidrasyon için 20 dakika dinlenmeye

bırakın. Mantarları boşaltın ve mutfak robotuna koyun. Ceviz yağı, zencefil, ezilmiş kırmızı biber, Siçuan karabiberi, beş baharat tozu ve sarımsağı ekleyin. Mantarlar doğranana ve malzemeler birleşene kadar kapağını kapatıp karıştırın; erteleme

3. Izgara plakasını boşaltın. Kömür ızgarası için, kömürü orta ateşte ızgaranın çevresine yerleştirin. Izgara tahtasını doğrudan kömürlerin üzerine yerleştirin. Kapağı kapatın ve 3-5 dakika veya tava çatırdamaya ve duman çıkmaya başlayıncaya kadar ızgara yapın. Biftekleri doğrudan sıcak kömürlerin üzerine ızgaraya yerleştirin; 3-4 dakika veya kömürleşene kadar pişirin. Biftekleri ısıtılmış tarafı yukarı bakacak şekilde bir tabağa aktarın. Tahtayı ızgaranın ortasına yerleştirin. Asya sosunu bifteklerin üzerine yayın. Kapağı kapatın ve 10 ila 12 dakika kadar veya bifteklerin içine yatay olarak yerleştirilen anında okunan termometre 130°F okuyana kadar ızgara yapın. (Gazlı ızgara kullanıyorsanız, ızgarayı önceden ısıtın. Isıyı orta seviyeye düşürün. rafta; üzerini örtün ve 3 dakika ızgara yapın) -5 dakika veya tahta çatırdamaya ve duman çıkmaya başlayana kadar. Biftekleri 3-4 dakika veya biftekler altın tarafı yukarı bakacak şekilde bir tahtaya aktarılıncaya kadar ızgaraya yerleştirin. Rafı dolaylı pişirme için ayarlayın; biftekli tahtayı ters çevrilmiş olarak yerleştirin. ocağı kapatın. Makarnayı bifteklerin üzerine yayın. Kapağı kapatın ve 10 ila 12 dakika veya bifteğin içine yatay olarak yerleştirilen anında okunan

termometre 130°F okuyana kadar ızgara yapın.) Rafı dolaylı pişirme için ayarlayın; biftekli tahtayı kapalı brülöre yerleştirin. Makarnayı filetoların üzerine yayın. Kapağı kapatın ve 10 ila 12 dakika veya bifteğin içine yatay olarak yerleştirilen anında okunan termometre 130°F okuyana kadar ızgara yapın.) Rafı dolaylı pişirme için ayarlayın; biftekli tahtayı kapalı brülöre yerleştirin. Makarnayı filetoların üzerine yayın.

4. Biftekleri ızgaradan çıkarın. Ambalajsız biftekleri alüminyum folyoyla örtün; 10 dakika dinlenmeye bırakın. Biftekleri çeyrek santim kalınlığında dilimler halinde dilimleyin. Biftekleri Asya salatası üzerine servis edin.

Asya Salatası: Büyük bir kaseye, ince dilimlenmiş 1 orta boy napa lahanasını atın; 1 bardak ince rendelenmiş kırmızı lahana; 2 havuç, soyulmuş ve soyulmuş; 1 kırmızı veya sarı biber, çekirdeksiz ve çok ince dilimler halinde kesilmiş; 4 soğan, öngerilim üzerine ince doğranmış; 1-2 serrano biberi, doğranmış ve doğranmış (bkz.eğim); 2 yemek kaşığı kıyılmış kişniş; ve 2 yemek kaşığı öğütülmüş nane. Sos için 3 yemek kaşığı taze limon suyu, 1 yemek kaşığı rendelenmiş taze zencefil, 1 diş kıyılmış sarımsak ve ⅛ çay kaşığı beş baharat tozunu bir mutfak robotunda veya blenderde birleştirin. Örtün ve pürüzsüz olana kadar işleyin. İşlemci çalışırken yavaş yavaş ½ bardak ceviz yağı ekleyin ve pürüzsüz hale gelinceye kadar çalıştırın. Sosun içerisine 1 adet ince dilimlenmiş soğanı ekleyin. Salatanın üzerine serpin ve kaplayın.

KARNABAHAR PEPERONATA ILE KIZARMIŞ TRITIP BIFTEK

EV ÖDEVI:25 dakika Pişirme süresi: 25 dakika Verim: 2 porsiyon

PEPERONATA GELENEKSEL OLARAK YAVAŞ KAVRULMUŞ BIR YAHNI.SOĞAN, SARIMSAK VE OTLAR ILE TATLI BIBER. KARNABAHARLA DAHA ZENGIN OLAN BU KAYNATILMIŞ VERSIYON, HEM GARNITÜR HEM DE GARNITÜR OLARAK IŞE YARAR.

2 adet 4 ila 6 onsluk üç uçlu biftek, ¾ ila 1 inç kalınlığında kesilmiş

¾ çay kaşığı karabiber

2 yemek kaşığı sızma zeytinyağı

2 kırmızı ve/veya sarı biber, soyulmuş ve dilimlenmiş

1 arpacık soğanı, ince dilimlenmiş

1 çay kaşığı Akdeniz baharatı (bkz.yemek tarifi)

2 su bardağı küçük karnabahar çiçeği

2 yemek kaşığı balzamik sirke

2 çay kaşığı taze kekik, şeritler halinde kesilmiş

1. Biftekleri kağıt havluyla kurulayın. Bifteklerin üzerine ¼ çay kaşığı karabiber serpin. 1 yemek kaşığı yağı büyük bir tavada orta-yüksek ateşte ısıtın. Biftekleri tavaya koyun; ısıyı orta seviyeye düşürün. Biftekleri orta ateşte (145°F) ara sıra çevirerek 6 ila 9 dakika pişirin. (Et çok çabuk kızarırsa ısıyı azaltın.) Biftekleri tavadan çıkarın; Sıcak tutmak için alüminyum folyo ile gevşek bir şekilde örtün.

2. Kalan 1 yemek kaşığı yağı pepperonata tavasına
   ekleyin. Tatlı biber ve arpacık ekleyin. Akdeniz
   baharatlarını serpin. Orta ateşte yaklaşık 5 dakika
   veya biberler yumuşayana kadar ara sıra
   karıştırarak pişirin. Karnabaharı, balzamik sirkeyi,
   kekiği ve kalan ½ çay kaşığı karabiberi ekleyin.
   Kapağını kapatıp 10-15 dakika veya karnabaharlar
   yumuşayıncaya kadar ara sıra karıştırarak pişirin.
   Biftekleri tavaya geri koyun. Peperonata karışımını
   bifteklerin üzerine dökün. Derhal servis yapın.

MANTAR VE DIJON SOSLU IZGARA BIFTEK

EV ÖDEVI:15 dakika Pişirme süresi: 20 dakika Verim: 4 porsiyon

BU FRANSIZ ESINTILI MANTAR SOSLU BIFTEK30 DAKIKADAN BIRAZ FAZLA BIR SÜREDE MASADA OLABILIR, BU DA ONU HAFTA IÇI HIZLI BIR YEMEK IÇIN HARIKA BIR SEÇENEK HALINE GETIRIR.

BIFTEK
   3 yemek kaşığı sızma zeytinyağı
   1 pound bebek kuşkonmaz, doğranmış
   4 adet 6 onsluk biftek (kemiksiz sığır omuzu)*
   2 yemek kaşığı şeritler halinde kesilmiş taze biberiye
   1½ çay kaşığı öğütülmüş karabiber

HUZUR IÇINDE YATSIN
   8 ons doğranmış taze mantar
   2 diş kıyılmış sarımsak
   ½ bardak et kemik suyu (bkz.<u>yemek tarifi</u>)
   ¼ bardak sek beyaz şarap
   1 yemek kaşığı Dijon usulü hardal (bkz.<u>yemek tarifi</u>)

   1. 1 yemek kaşığı yağı büyük bir tavada orta-yüksek ateşte ısıtın. Kuşkonmazı ekleyin; Yanmayı önlemek için sapları ara sıra çevirerek 8-10 dakika veya gevrekleşinceye kadar pişirin. Kuşkonmazı bir tabağa aktarın; Sıcak tutmak için alüminyum folyo ile örtün.

2. Filetoya biberiye ve karabiber serpin; parmaklarla ovmak Aynı tavada kalan 2 yemek kaşığı yağı orta ateşte ısıtın. Fileto ekleyin; ısıyı orta seviyeye düşürün. Eti ara sıra çevirerek orta ateşte (145°F) 8-12 dakika pişirin. (Et çok çabuk kızarıyorsa ısıyı azaltın.) Eti tavadan çıkarın ve yağını geride bırakın. Biftekleri sıcak tutmak için alüminyum folyo ile gevşek bir şekilde örtün.

3. Sos için mantarları ve sarımsakları tavadaki yağa ekleyin; ara sıra karıştırarak yumuşayana kadar pişirin. Et suyu, şarap ve Dijon usulü hardalı ekleyin. Orta ateşte, tavanın altındaki kızaran parçaları kazıyarak pişirin. Kaynatın; 1 dakika daha pişirin.

4. Kuşkonmazı dört düz tabağa bölün. Filetoyu üstüne koyun; sosu bifteğin üzerine dökün.

*Not: 6 onsluk demir biftek bulamazsanız, iki adet 8-12 onsluk biftek alın ve bunları ikiye bölerek dört biftek yapın.

IZGARA BIFTEK, SOSLU SALATA VE KARAMELIZE SOĞAN ILE

EV ÖDEVI:30 dakika Marine etme: 2 saat Pişirme: 20 dakika Soğutma: 20 dakika Izgaralama: 45 dakika Verim: 4 porsiyon

IZGARA BIFTEK NISPETEN YENI.KESIM SADECE BIRKAÇ YIL ÖNCE OLUŞTURULDU. SAPIN KÜREK KEMIĞI YAKININDAKI TUZLU KISMINDAN OYULMUŞ OLUP ŞAŞIRTICI DERECEDE PÜRÜZSÜZDÜR VE OLDUĞUNDAN ÇOK DAHA PAHALIDIR, BU DA MUHTEMELEN POPÜLARITESINDEKI HIZLI ARTIŞI AÇIKLAMAKTADIR.

BIFTEK
- ⅓ bardak taze limon suyu
- ¼ bardak sızma zeytinyağı
- ¼ bardak iri kıyılmış kişniş
- 5 diş kıyılmış sarımsak
- 4 6 onsluk biftek (kemiksiz sığır omuzu)

SALATA SALATASI
- 1 salatalık (İngilizce), çekirdekleri çıkarılmış (istenirse soyulmuş), doğranmış
- 1 su bardağı dörde bölünmüş üzüm domates
- ½ su bardağı doğranmış kırmızı soğan
- ½ su bardağı iri kıyılmış kişniş
- 1 poblano biberi, çekirdekleri çıkarılmış ve doğranmış (bkz.eğim)

1 jalapeño, çekirdekleri çıkarılmış ve doğranmış
    (bkz. eğim)
3 yemek kaşığı taze limon suyu
2 yemek kaşığı sızma zeytinyağı

KARAMELIZE SOĞAN

2 yemek kaşığı sızma zeytinyağı

2 büyük tatlı soğan (Maui, Vidalia, Texas Sweet veya
    Walla Walla gibi)

½ çay kaşığı öğütülmüş chipotle şili

1. Biftekler için, biftekleri kapalı bir plastik torbaya sığ
   bir tabağa koyun; erteleyin Küçük bir kapta limon
   suyu, yağ, kişniş ve sarımsağı birleştirin; filetoları
   torbaya dökün. Çantayı kapatın; çırpmak için
   çevirin. Buzdolabında 2 saat marine edin.

2. Salata için salatalık, domates, soğan, kişniş, poblano
   ve jalapeno'yu geniş bir kapta birleştirin. Eşleşecek
   şekilde karıştırın. Sos için limon suyu ve
   zeytinyağını küçük bir kasede karıştırın. Sebzeleri
   sosla kaplayın; havlu atmak Servis edilene kadar
   örtün ve buz dolabında saklayın.

3. Soğanlar için fırını önceden 400° F'ye ısıtın.
   Hollandalı fırının içini biraz zeytinyağıyla fırçalayın;
   Soğanları uzunlamasına ikiye bölün, kabuğunu
   çıkarın ve ardından 1/4 inç kalınlığında çapraz
   olarak dilimleyin. Hollandalı bir fırında kalan
   zeytinyağını, soğanları ve chipotle biberini
   birleştirin. Kapağını kapatıp 20 dakika pişirin.
   Kapağını açın ve yaklaşık 20 dakika soğumaya
   bırakın.

4. Soğutulmuş soğanları alüminyum bir pişirme torbasına aktarın veya soğanları çift kalınlıkta alüminyum folyoya sarın. Alüminyum folyonun üst kısmını şişle birkaç yerinden delin.

5. Kömürlü ızgara için, orta ateşte ızgaranın çevresine kömürü yerleştirin. Izgaranın ortasında orta ateşte deneyin. Paketi rafın ortasına yerleştirin. Kapağını kapatıp yaklaşık 45 dakika veya soğanlar yumuşak ve kehribar rengini alana kadar ızgara yapın. (Gazlı ızgara kullanıyorsanız, ızgarayı önceden ısıtın. Isıyı orta dereceye düşürün. Dolaylı ızgaraya ayarlayın. Paketi yanmayan ocağın üzerine yerleştirin. Kapağını kapatın ve belirtildiği şekilde pişirin.)

6. Filetoyu marinattan çıkarın; turşuyu atın. Kömürlü veya gazlı ızgaralar için, ızgaraları orta-yüksek ateşte doğrudan ızgara üzerine yerleştirin. Kapağı kapatın ve 8 ila 10 dakika kadar veya bifteklerin içine yatay olarak yerleştirilen anında okunan termometre, bir kez dönerek 135°F okuyana kadar ızgara yapın. Bifteği bir tabağa aktarın, alüminyum folyoyla örtün ve 10 dakika bekletin.

7. Servis yapmak için sosu dört servis tabağına paylaştırın. Her tabağa bir biftek yerleştirin ve üstüne bol miktarda karamelize soğan ekleyin. Derhal servis yapın.

Hazırlama Talimatı: Salata sosu servis edilmeden önce 4 saate kadar hazırlanıp buzdolabında saklanabilir.

OTLU SOĞAN VE SARIMSAKLI TEREYAĞI ILE IZGARA ANTRIKOT

EV ÖDEVI:10 dakika pişirme: 12 dakika soğutma: 30 dakika ızgaralama: 11 dakika hazırlama: 4 porsiyon

TAZE IZGARA BIFTEKLERIN SICAKLIĞI ERIYORHINDISTANCEVIZI YAĞI VE ZEYTINYAĞININ ZENGIN AROMALI KARIŞIMINDA KARAMELIZE SOĞAN, SARIMSAK VE OTLAR YIĞINLARI.

2 yemek kaşığı rafine edilmemiş hindistancevizi yağı

1 küçük soğan, yarıya bölünmüş ve çok ince dilimlenmiş (yaklaşık ¾ bardak)

1 diş sarımsak, çok ince dilimler halinde kesilmiş

2 yemek kaşığı sızma zeytinyağı

1 yemek kaşığı taze maydanoz, şeritler halinde kesilmiş

2 çay kaşığı taze kekik, biberiye ve/veya kekik, doğranmış

4 8 ila 10 onsluk dana kaburga bifteği, 1 inç kalınlığında kesilmiş

½ çay kaşığı taze çekilmiş karabiber

1. Hindistan cevizi yağını orta boy bir tavada, düşük ateşte eritin. Soğanı ekleyin; 10-15 dakika veya ara sıra karıştırarak hafifçe kızarıncaya kadar pişirin. Sarımsak ekleyin; Ara sıra karıştırarak 2-3 dakika daha veya soğan altın rengi kahverengi olana kadar pişirin.

2. Soğan karışımını küçük bir kaseye aktarın. Zeytinyağı, maydanoz ve kekiği ekleyin. 30 dakika boyunca veya karışım kepçeyle alındığında bir tümsek oluşturacak kadar sertleşinceye kadar, ara sıra karıştırarak, kapağı açık olarak buzdolabında saklayın.

3. Bu arada bifteğe biber serpin. Kömürlü veya gazlı ızgaralarda biftekleri orta ateşte doğrudan ızgaraya yerleştirin. Kapağını kapatın ve orta-az pişmiş (145°F) için 11-15 dakika veya orta (160°F) için 14-18 dakika ızgara yapın, ızgara işleminin yarısında bir kez çevirin.

4. Servis yapmak için her bifteği servis tabağına yerleştirin. Soğan karışımını hemen bifteklerin üzerine eşit şekilde dökün.

IZGARA PANCARLI KABURGA SALATASI

EV ÖDEVI:20 dakika Izgara: 55 dakika Dinlenme: 5 dakika
Verim: 4 porsiyon

PANCARIN DÜNYEVI TADI HARIKA BIR
KOMBINASYONPORTAKAL VE KAVRULMUŞ CEVIZIN
TATLILIĞI, SICAK BIR YAZ GECESINDE AÇIK HAVADA
YEMEK IÇIN MÜKEMMEL OLAN BU ANA YEMEK
SALATASINA ÇITIRLIK KATIYOR.

1 pound orta altın ve/veya kırmızı pancar, yıkanmış,
    kesilmiş ve dilimlenmiş

1 küçük soğan, ince dilimlenmiş

2 dal taze kekik

1 yemek kaşığı sızma zeytinyağı

öğütülmüş karabiber

2 8 ons kemiksiz dana kaburga biftek, ¾ inç
    kalınlığında kesilmiş

2 diş sarımsak, ikiye bölünmüş

2 yemek kaşığı Akdeniz baharatı (bkz.<u>yemek tarifi</u>)

6 su bardağı karışık salata

2 portakal, soyulmuş, dilimlenmiş ve doğranmış

½ bardak kıyılmış ceviz, kızartılmış (bkz.<u>eğim</u>)

½ bardak parlak narenciye sosu (bkz.<u>yemek tarifi</u>)

1. Pancarı, soğanı ve kekiği alüminyum bir tavaya
    koyun. Üzerine yağ gezdirin ve birleştirmek için
    fırlatın; hafifçe öğütülmüş karabiber serpin. Kömürlü
    veya gazlı ızgaralarda tavayı ızgaranın ortasına
    yerleştirin. Kapağını kapatıp 55-60 dakika veya ara

sıra karıştırarak, bıçakla delindiğinde yumuşayana kadar pişirin.

2. Bu arada filetonun her iki tarafını da sarımsağın kesilmiş tarafıyla ovalayın; Akdeniz baharatı serpin.

3. Filetolara yer açmak için pancarları ızgaranın ortasına taşıyın. Biftekleri doğrudan orta ateşte ızgaraya yerleştirin. Kapağını kapatın ve orta-az pişmiş (145°F) için 11-15 dakika veya orta (160°F) için 14-18 dakika ızgara yapın, ızgara işleminin yarısında bir kez çevirin. Alüminyum folyoyu ve bifteği ızgaradan çıkarın. Biftekleri 5 dakika dinlendirin. Kekik dallarını alüminyum tavadan atın.

4. Bifteği çapraz olarak ısırık boyutunda parçalar halinde ince bir şekilde dilimleyin. Sebzeleri dört servis tabağına paylaştırın. Üzerine dilimlenmiş biftek, pancar, soğan dilimleri, dilimlenmiş portakal ve ceviz ekleyin. Parlak narenciye sosunu gezdirin.

KIZARMIŞ ZENCEFIL LAHANALI KORE USULÜ KABURGA

EV ÖDEVI:50 dakika pişirin: 25 dakika pişirin: 10 saat soğutun: Gecelik Verim: 4 porsiyon

HOLLANDALI FIRININIZIN KAPAĞININÇOK IYI UYUM SAĞLAR, BÖYLECE ÇOK UZUN PIŞIRME SÜRESI BOYUNCA PIŞIRME SIVISI KAPAK ILE TENCERE ARASINDAKI BOŞLUKTAN BUHARLAŞMAZ.

1 ons kurutulmuş shiitake mantarı

1½ bardak dilimlenmiş sarımsak

1 Asya armudu, soyulmuş, çekirdeği çıkarılmış ve doğranmış

1 3 inçlik taze zencefil parçası, soyulmuş ve doğranmış

1 serrano biberi, ince doğranmış (istenirse çekirdeği) (bkz.eğim)

5 diş sarımsak

1 yemek kaşığı rafine hindistan cevizi yağı

5 kilo kemikli dana eti kısa kaburga

taze çekilmiş karabiber

4 su bardağı dana kemik suyu (bkz.yemek tarifi) veya tuzsuz et suyu

2 su bardağı doğranmış taze shiitake mantarı

1 yemek kaşığı ince rendelenmiş portakal kabuğu

⅓ bardak taze meyve suyu

Kızarmış zencefil lahanası (bkz.yemek tarifi, uyarınca)

İnce rendelenmiş portakal kabuğu (isteğe bağlı)

1. Fırını önceden 325° F'a ısıtın. Kurutulmuş shiitake
   mantarlarını küçük bir kaseye koyun; üzerini
   kaplayacak kadar kaynar su ekleyin. Yaklaşık 30
   dakika veya yeniden sulanıp yumuşayana kadar
   bekletin. Islatma sıvısını saklayarak boşaltın.
   Mantarları ince ince doğrayın. Mantarları küçük bir
   kaseye koyun; 4. adımda ihtiyaç duyulana kadar
   örtün ve soğutun. Mantarları ve sıvıyı bir kenara
   koyun.

2. Sos için soğanları, Asya armutunu, zencefili,
   serranoyu, sarımsağı ve ayrılmış mantar ıslatma
   sıvısını bir mutfak robotunda birleştirin. Örtün ve
   pürüzsüz olana kadar işleyin. Sosu bir kenara
   koyun.

3. Hindistan cevizi yağını 6 litrelik bir tencerede orta-
   yüksek ateşte ısıtın. Kaburgaların üzerine taze
   çekilmiş karabiber serpin. Kaburgaları sıcak
   hindistancevizi yağında gruplar halinde yaklaşık 10
   dakika veya her tarafı altın rengi kahverengi olana
   kadar yarıya kadar çevirerek kızartın. Tüm
   kaburgaları tencereye geri koyun; sosu ve et
   suyunu ekleyin. Hollandalı fırını sıkı oturan bir
   kapakla kapatın. Yaklaşık 10 saat veya et iyice
   yumuşayıp kemiğinden ayrılıncaya kadar kavrulur.

4. Kaburgaları sostan dikkatlice çıkarın. Kaburgaları ve
   sosu ayrı kaselere yerleştirin. Örtün ve gece
   boyunca buzdolabında saklayın. Soğuyunca sosun
   yüzeyindeki yağı alın ve atın. Sosu yüksek ateşte
   kaynatın; 1. adımdaki sulu mantarları ve taze

mantarları ekleyin. Sosu azaltmak ve lezzetleri yoğunlaştırmak için 10 dakika pişirin. Kaburgaları sosa geri koyun; sıcak olana kadar pişirin. 1 yemek kaşığı portakal kabuğu ve portakal suyunu ekleyin. Isıtılmış zencefil salatası ile servis yapın. İstenirse ilave portakal kabuğu serpin.

Kızartılmış Zencefil Kale: 1 çorba kaşığı rafine hindistancevizi yağını büyük bir tavada orta ateşte ısıtın. 2 yemek kaşığı taze kıyılmış zencefil ekleyin; 2 diş kıyılmış sarımsak; ve tatmak için öğütülmüş kırmızı biber. Kokusu çıkana kadar yaklaşık 30 saniye pişirin ve karıştırın. 6 bardak rendelenmiş napa, lahana veya kara lahana ve soyulmuş, çekirdeği çıkarılmış ve ince dilimlenmiş 1 Asya armudu ekleyin. 3 dakika veya lahana biraz soluncaya ve armutlar yumuşayana kadar pişirin ve karıştırın. ½ bardak şekersiz elma suyu ekleyin. Kapağını kapatıp lahanalar yumuşayana kadar yaklaşık 2 dakika pişirin. ½ su bardağı dilimlenmiş soğan ve 1 yemek kaşığı susam ekleyin.

NARENCIYE GREMOLATA VE REZENE ILE DANA KABURGA

EV ÖDEVI:40 dakika Izgara: 8 dakika Yavaş pişirme: 9 saat (küçük) veya 4½ saat (büyük) Verim: 4 porsiyon

GREMOLATA LEZZETLI BIR KARIŞIMDIRZENGIN, TEREYAĞLI TADI ORTAYA ÇIKARMAK IÇIN KLASIK İTALYAN USULÜ KIZARMIŞ SIĞIR ETI OSSO BUCCO'NUN ÜZERINE MAYDANOZ, SARIMSAK VE LIMON KABUĞU SERPILIR. PORTAKAL KABUĞU RENDESI VE TAZE TÜYLÜ REZENE YAPRAKLARININ EKLENMESI, BU YUMUŞAK DANA KABURGA IÇIN AYNI ŞEYI YAPAR.

PIRZOLA

- 2½ ila 3 pound kemikli dana eti kısa kaburga
- 3 yemek kaşığı limon otu baharatı (bkz.<u>yemek tarifi</u>)
- 1 orta boy rezene soğanı
- 1 büyük soğan, büyük dilimler halinde kesilmiş
- 2 su bardağı dana kemik suyu (bkz.<u>yemek tarifi</u>) veya tuzsuz et suyu
- 2 diş sarımsak, ikiye bölünmüş

KAVRULMUŞ KABAK

- 3 yemek kaşığı sızma zeytinyağı
- 1 kiloluk kabak, soyulmuş, çekirdekleri çıkarılmış ve ½ inçlik parçalar halinde kesilmiş (yaklaşık 2 bardak)
- 4 çay kaşığı taze kekik, şeritler halinde kesilmiş
- sızma zeytinyağı

GREMOLATA

¼ bardak doğranmış taze maydanoz

2 yemek kaşığı kıyılmış sarımsak

1½ çay kaşığı ince rendelenmiş limon kabuğu

1½ çay kaşığı ince rendelenmiş portakal kabuğu

1. Kaburgalara limon otları serpin; eti parmaklarınızla hafifçe ovalayın; erteleme Rezene yapraklarını çıkarın; narenciye ve rezene Gremolata rezervi. Rezene soğanını da dörde bölün.

2. Kömürlü ızgara için, kömürü ızgaranın bir tarafına orta ateşte yerleştirin. Izgara tarafında kömürsüz orta ateşte pişirmeyi deneyin. Kaburgaları ızgaraya kömürlerden uzağa yerleştirin; Rezene dilimlerini ve soğan dilimlerini doğrudan kömürün üzerinde ızgarada pişirin. Kapağı kapatın ve 8 ila 10 dakika veya sebzeler ve kaburgalar altın rengi kahverengi olana kadar, yarı yolda bir kez çevirerek ızgara yapın. (Gazlı ızgara kullanıyorsanız, ızgarayı önceden ısıtın, ısıyı orta dereceye düşürün. Dolaylı ızgaraya yerleştirin. Kaburgaları, yanmayan ocağın üzerine ızgaraya yerleştirin; rezeneyi ve soğanı açık ocağın üzerine ızgaraya yerleştirin. Kapağını kapatın ve belirtildiği gibi ızgara yapın.) Yeterince soğuduğunda. kullanabilirim

3. Kıyılmış rezene ve soğanı, sığır kemik suyunu ve sarımsağı 5 ila 6 litrelik yavaş pişiricide birleştirin. Kaburgaları ekleyin. Kapağını kapatıp kısık ateşte 9-10 saat veya maksimum 4½-5 saat pişirin. Oluklu bir kaşık kullanarak kaburgaları tabağa aktarın; Sıcak tutmak için alüminyum folyo ile örtün.

4. Bu arada kabak için 3 yemek kaşığı yağı büyük bir tavada orta-yüksek ateşte ısıtın. Kabak ve 3 çay kaşığı kekik ekleyin, kabağı kaplayacak şekilde fırlatın. Kabağı tek kat halinde tavaya yerleştirin ve karıştırmadan yaklaşık 3 dakika veya alt kısmı altın rengi kahverengi olana kadar pişirin. Kabak parçalarını çevirin; yaklaşık 3 dakika daha veya her iki tarafı da altın rengi olana kadar pişirin. Isıyı en aza indirin; örtün ve 10-15 dakika veya yumuşayana kadar pişirin. Kalan çay kaşığı taze kekiği serpin; sızma zeytinyağı gezdirin.

5. Gremolata için, ayrılmış rezene yapraklarını ¼ fincan elde edecek kadar ince ince doğrayın. Küçük bir kapta doğranmış rezene yapraklarını, maydanozu, sarımsağı, limon kabuğu rendesini ve portakal kabuğu rendesini birleştirin.

6. Gremolatayı kaburgaların üzerine serpin. Balkabağı ile servis yapın.

DEREOTU HARDAL SALATALIK SALATASI ILE İSVEÇ USULÜ KÖFTE

EV ÖDEVI:30 dakika Pişirme süresi: 15 dakika Verim: 4 porsiyon

BEEF A LA LINDSTROM BIR İSVEÇ BURGERIDIR.GELENEKSEL OLARAK SOĞAN, KAPARI VE PANCAR TURŞUSUYLA, SOSLA VE EKMEKSIZ OLARAK SERVIS EDILIR. YENIBAHARLA AŞILANMIŞ BU VERSIYON, KAVRULMUŞ PANCARLARI TUZLA MARINE EDILMIŞ PANCAR VE KAPARI ILE DEĞIŞTIRIR VE ÜZERINE KIZARMIŞ YUMURTA EKLENIR.

SALATALIK SALATASI
  2 çay kaşığı taze portakal suyu
  2 çay kaşığı beyaz şarap sirkesi
  1 çay kaşığı Dijon tarzı hardal (bkz.<u>yemek tarifi</u>)
  1 yemek kaşığı sızma zeytinyağı
  1 büyük çekirdeksiz (İngiliz) salatalık, soyulmuş ve
      dilimlenmiş
  2 yemek kaşığı kıyılmış sarımsak
  1 yemek kaşığı taze doğranmış dereotu

ET EMPANADALARI
  1 kiloluk kıyma
  ¼ bardak ince doğranmış soğan
  1 yemek kaşığı Dijon usulü hardal (bkz.<u>yemek tarifi</u>)
  ¾ çay kaşığı karabiber
  ½ çay kaşığı öğütülmüş yenibahar

½ küçük pancar, kavrulmuş, soyulmuş ve ince
 doğranmış*

2 yemek kaşığı sızma zeytinyağı

½ bardak et kemik suyu (bkz.yemek tarifi) veya tuzsuz
 et suyu

4 büyük yumurta

1 yemek kaşığı ince kıyılmış sarımsak

1. Salatalık salatası için portakal suyu, sirke ve Dijon
 usulü hardalı geniş bir kapta birleştirin. Zeytinyağını
 ince bir akış halinde yavaşça dökün, sos hafifçe
 kalınlaşana kadar karıştırın. Salatalık, soğan ve
 dereotu ekleyin; birleştirilene kadar karıştırın. Servis
 edilene kadar örtün ve buz dolabında saklayın.

2. Dana köftesi için kıymayı, soğanı, Dijon usulü
 hardalı, biberi ve yenibaharı geniş bir kapta
 birleştirin. Kavrulmuş pancarları ekleyin ve etle eşit
 şekilde karışana kadar yavaşça karıştırın. Karışımı
 dört adet ½ inç kalınlığında somun haline getirin.

3. 1 yemek kaşığı zeytinyağını büyük bir tavada orta-
 yüksek ateşte ısıtın. Burgerleri yaklaşık 8 dakika
 veya dışları altın rengi oluncaya ve (160°) tamamen
 pişene kadar bir kez çevirerek pişirin. Çörekleri bir
 tabağa aktarın ve sıcak tutmak için alüminyum folyo
 ile örtün. Tencerenin dibindeki kahverengileşmiş
 parçaları kazımak için karıştırarak sığır kemik
 suyunu ekleyin. Yaklaşık 4 dakika veya yarı yarıya
 azalıncaya kadar pişirin. Patatesleri tavadan
 azaltılmış suyuyla fırçalayın ve gitmeden tekrar
 kapatın.

4. Tavayı kağıt havluyla yıkayıp temizleyin. Kalan 1
   yemek kaşığı zeytinyağını orta ateşte ısıtın.
   Yumurtaları sıcak yağda 3-4 dakika veya beyazları
   katılaşana, sarıları ise yumuşak ve akıcı olana
   kadar kızartın.

5. Her et köftesine bir yumurta çırpın. Frenk soğanı
   serpin ve salatalık salatası ile servis yapın.

*İpucu: Pancarları kızartmak için iyice soyun ve bir
   parça alüminyum folyo üzerine koyun. Biraz
   zeytinyağı gezdirin. Alüminyum folyoya sarıp iyice
   kapatın. Fırında 375°F sıcaklıkta yaklaşık 30 dakika
   veya çatal pancarları kolayca delinceye kadar
   kızartın. Soğumasına izin verin; deriden kayma.
   (Pancarlar 3 güne kadar kavrulabilir. Soyulmuş
   pancarları sıkıca sarın ve buzdolabında saklayın.)

ROKA ÜZERINDE KAVRULMUŞ KÖK SEBZELI IZGARA DANA BURGER

EV ÖDEVI:40 dakika fırında: 35 dakika Kızartma: 20 dakika Verim: 4 porsiyon

ÇOK ŞEY VARBU DOYURUCU BURGERLERIN HAZIRLANMASI BIRAZ ZAMAN ALIR, ANCAK LEZZETLERIN INANILMAZ KOMBINASYONU BUNA DEĞER: DANA KÖFTESININ ÜZERINE KARAMELIZE SOĞAN VE MANTAR SOSU EKLENIR VE KAVRULMUŞ TATLI SEBZELER VE DOLMALIK BIBERLE SERVIS EDILIR.

5 yemek kaşığı sızma zeytinyağı

2 su bardağı doğranmış taze mantar, cremini ve/veya shiitake

3 sarı soğan, ince dilimlenmiş*

2 çay kaşığı kimyon

3 havuç, soyulmuş ve 1 inçlik parçalar halinde kesilmiş

2 yaban havucu, soyulmuş ve 1 inçlik parçalar halinde kesilmiş

1 meşe palamudu kabak, yarıya bölünmüş, çekirdekleri çıkarılmış ve dilimlenmiş

taze çekilmiş karabiber

2 kilo kıyma

½ su bardağı ince doğranmış soğan

1 yemek kaşığı tuzsuz çok amaçlı baharat karışımı

2 su bardağı dana kemik suyu (bkz.<u>yemek tarifi</u>) veya tuzsuz et suyu

¼ bardak şekersiz elma suyu

1-2 yemek kaşığı beyaz şarap sirkesi veya kuru şeri

1 yemek kaşığı Dijon usulü hardal (bkz. yemek tarifi)

1 yemek kaşığı doğranmış taze kekik yaprağı

1 yemek kaşığı taze maydanoz, şeritler halinde
kesilmiş

8 su bardağı roka yaprağı

1. Fırını önceden 425° F'ye ısıtın. Sos için 1 çorba
kaşığı zeytinyağını büyük bir tavada orta-yüksek
ateşte ısıtın. Mantarları ekleyin; yaklaşık 8 dakika
veya altın kahverengi ve yumuşayana kadar pişirin
ve karıştırın. Delikli bir kaşık kullanarak mantarları
bir tabağa aktarın. Tavayı tekrar ısıtın; ısıyı orta
seviyeye düşürün. Kalan 1 yemek kaşığı
zeytinyağını, doğranmış soğanı ve kimyonu ekleyin.
Kapağını kapatıp 20-25 dakika veya soğanlar çok
yumuşak ve altın rengi oluncaya kadar ara sıra
karıştırarak pişirin. (Soğanların yanmasını önlemek
için gerekirse ısıyı ayarlayın.)

2. Bu arada kızartılmış yumrular için havuç, yaban
havucu ve balkabağını geniş bir fırın tepsisine dizin.
Tatlandırmak için 2 yemek kaşığı zeytinyağı ve
karabiber serpin; sebzeleri kaplamak için atın. 20-
25 dakika veya yumuşayana ve kahverengileşmeye
başlayana kadar, yarıya kadar çevirerek kızartın.
Servis yapmaya hazır olana kadar sebzeleri sıcak
tutun.

3. Burgerler için kıymayı, ince doğranmış soğanı ve
baharat karışımını geniş bir kapta karıştırın. Et
karışımını dört eşit parçaya bölün ve yaklaşık ¾ inç

kalınlığında köfteler haline getirin. Çok büyük bir tavada, kalan yemek kaşığı zeytinyağını orta ateşte ısıtın. Burgerleri tavaya yerleştirin; Bir kez çevirerek yaklaşık 8 dakika veya her iki tarafı da kömürleşene kadar pişirin. Burgerleri bir tabağa aktarın.

4. Karamelize soğanları, ayrılmış mantarları, dana kemik suyunu, elma suyunu, şeri ve Dijon hardalını tavaya ekleyip karıştırın. Burgerleri tavaya geri koyun. Kaynatın. Burgerler tamamen pişene kadar (160°F), yaklaşık 7-8 dakika pişirin. Damak tadınıza göre taze kekik, maydanoz ve karabiber ekleyin.

5. Servis yapmak için dört servis tabağının her birine 2 bardak roka koyun. Kavrulmuş sebzeleri salataya paylaştırın ve üzerine brownieleri ekleyin. Soğan karışımını burgerlerin üzerine cömertçe dökün.

* İpucu: Mandolin dilimleyici soğan dilimlemek için idealdir.

SUSAM KABUKLU DOMATESLI IZGARA DANA BURGER

EV ÖDEVI:30 dakika dinlenme: 20 dakika Izgara: 10 dakika Verim: 4 porsiyon

SUSAM KABUĞUYLA BIRLIKTE ÇITIR, ALTIN RENGI DOMATES DILIMLERIBU DUMANLI BURGERLERDE GELENEKSEL EKMEĞI SUSAMLA DEĞIŞTIRIN. ONLARA BIÇAK VE ÇATALLA SERVIS YAPIN.

4 ½ inç kalınlığında kırmızı veya yeşil domates dilimleri*

1¼ pound yağsız kıyma

1 yemek kaşığı füme baharat (bkz.yemek tarifi)

1 büyük yumurta

¾ su bardağı badem unu

¼ bardak susam

¼ çay kaşığı karabiber

1 küçük kırmızı soğan, ikiye bölünmüş

1 yemek kaşığı sızma zeytinyağı

¼ bardak rafine hindistan cevizi yağı

1 küçük baş Bibb marul

Paleo Ketçap (bkz.yemek tarifi)

Dijon tarzı hardal (bkz.yemek tarifi)

1. Domates dilimlerini çift kat emici kağıt üzerine yerleştirin. Domatesleri başka bir çift kat emici kağıtla örtün. Kağıt havluları domateslere yapıştırmak için hafifçe bastırın. Domates suyunun bir kısmını çekmesi için oda sıcaklığında 20-30 dakika bekletin.

2. Bu arada kıymayı ve füme baharatları geniş bir kapta birleştirin. Dört adet ½ inç kalınlığında köfte haline getirin.

3. Sığ bir kapta yumurtayı çatalla hafifçe çırpın. Başka bir sığ kapta badem ununu, susam tohumlarını ve biberi birleştirin. Her bir domates dilimini yumurtaya batırıp kaplayın. Fazla yumurtanın süzülmesine izin verin. Her domates dilimini badem unu karışımına batırın ve kaplayın. Ezilmiş domatesleri düz bir tabağa koyun; erteleyin Soğan dilimlerini zeytinyağında kızartın; soğan dilimlerini fırın sepetine yerleştirin.

4. Kömürlü veya gazlı ızgaralar için soğanları sepete, köfteleri ise orta ateşte ızgaraya yerleştirin. Kapağını kapatın ve 10-12 dakika veya soğanlar altın rengi ve hafif kömürleşene ve burgerler iyice pişene (160°) kadar ızgara yapın, soğanları ara sıra karıştırın ve burgerleri bir kez çevirin.

5. Bu arada yağı büyük bir tavada orta ateşte ısıtın. Domates dilimlerini ekleyin; Bir kez çevirerek 8-10 dakika veya altın rengi kahverengi olana kadar pişirin. (Domatesler çok çabuk kızarıyorsa ısıyı orta dereceye düşürün. Gerekirse daha fazla yağ ekleyin.) Kağıt havluyla kaplı bir tabağa boşaltın.

6. Servis yapmak için salatayı dört servis tabağına bölün. Üstüne patates, soğan, paleo ketçap, Dijon usulü hardal ve susam kabuklu domates ekleyin.

*Not: Muhtemelen 2 büyük domatese ihtiyacınız olacaktır. Kırmızı domates kullanıyorsanız olgun fakat yine de biraz sert olan domatesleri seçin.

BABA GANUŞ SOSLU ÇUBUKTA HAMBURGER

DALDIRMA:15 dakika Hazırlama: 20 dakika Izgara: 35 dakika Verim: 4 porsiyon

BABAGANNUŞ ORTA DOĞU'NUN BIR UZANTISIDIRFÜME IZGARA PATLICANLARIN ZEYTINYAĞI, LIMON, SARIMSAK VE TAHINLE EZILMESIYLE YAPILIR, ÖĞÜTÜLMÜŞ SUSAMDAN YAPILAN BIR MACUNDUR. BIRAZ SUSAM TOHUMU IYIDIR, ANCAK YAĞ VEYA MACUN HALINE GETIRILDIĞINDE ILTIHAPLANMAYA KATKIDA BULUNABILECEK KONSANTRE BIR LINOLEIK ASIT KAYNAĞI HALINE GELIR. BURADA KULLANILAN ÇAM FISTIĞI YAĞI IYI BIR ALTERNATIFTIR.

4 adet kurutulmuş domates

1½ pound yağsız kıyma

3-4 yemek kaşığı ince doğranmış soğan

1 yemek kaşığı ince kıyılmış taze kekik ve/veya ince kıyılmış taze nane veya ½ çay kaşığı kurutulmuş kekik, doğranmış

¼ çay kaşığı acı biber

Baba Ganuş dip sosu (bkz.<u>yemek tarifi</u>, uyarınca)

1. Sekiz adet 10 inçlik tahta şişi 30 dakika boyunca suya batırın. Bu arada küçük bir kapta domateslerin üzerini kaynar suyla doldurun; Rehidrasyon için 5 dakika dinlenmeye bırakın. Domatesleri boşaltın ve emici kağıtla kurulayın.

2. Büyük bir kapta doğranmış domatesleri, kıymayı, soğanı, kekik ve acı biberi birleştirin. Et karışımını sekiz porsiyona bölün; her kısmı bir top haline getirin. Kolyeleri sudan çıkarın; Biliyorum ki. Topu şişin üzerine geçirin ve sivri ucun hemen altından başlayarak şişin etrafında uzun bir oval oluşturun ve diğer uçta çubuğu tutmak için yeterli alan bırakın. Kalan şiş ve toplarla aynı işlemi tekrarlayın.

3. Kömürlü veya gazlı ızgaralar için et şişlerini orta ateşte doğrudan ızgaraya yerleştirin. Kapağı kapatın ve yaklaşık 6 dakika veya pişene kadar (160°F) kızartın, ızgara işleminin yarısında bir kez çevirin. Baba Ganuş sosuyla servis yapın.

Baba Ghanoush Dip Sos: 2 adet orta boy patlıcanı çatalla çeşitli yerlerinden delin. Kömürlü veya gazlı ızgaralar için patlıcanı orta ateşte doğrudan ızgaraya yerleştirin. Kapağını kapatın ve 10 dakika veya her tarafı kömürleşene kadar, pişirme sırasında birkaç kez çevirerek ızgara yapın. Patlıcanları çıkarın ve dikkatlice alüminyum folyoya sarın. Sarılmış patlıcanı tekrar ızgaraya yerleştirin, ancak doğrudan kömürlerin üzerine koymayın. Kapağı kapatın ve 25-35 dakika daha veya ufalanana ve çok yumuşak olana kadar pişirin. güneşli Patlıcanları ikiye bölün ve posayı çıkarın; eti mutfak robotuna koyun. ¼ fincan çam fıstığı ezmesi ekleyin (bkz.yemek tarifi); ¼ bardak taze limon suyu; 2 diş kıyılmış sarımsak; 1 yemek kaşığı sızma zeytinyağı; 2-3 yemek kaşığı taze maydanoz, şeritler halinde kesilmiş; ve ½ çay kaşığı öğütülmüş kimyon. Örtün ve neredeyse pürüzsüz olana kadar işleyin. Sos daldırılamayacak kadar kalınsa istenilen kıvamı elde edecek kadar su ekleyin.

FÜME TATLI BIBER DOLMASI

EV ÖDEVI:Pişirme 20 dakika: Pişirme 8 dakika: 30 dakika
Verim: 4 porsiyon

AILENIZIN FAVORISI HALINE GETIRINÇEKICI BIR
YEMEK IÇIN RENKLI TATLI BIBERLERIN KARIŞIMI ILE.
ATEŞTE KAVRULMUŞ DOMATESLER, YEMEĞINIZE
HARIKA BIR LEZZET KATMANIN SAĞLIKLI BIR
YOLUNUN HARIKA BIR ÖRNEĞIDIR. LEZZETLERINI
ARTTIRMAK IÇIN KONSERVELEMEDEN ÖNCE
DOMATESLERI HAFIFÇE (TUZSUZ) ISITIN.

4 adet büyük yeşil, kırmızı, sarı ve/veya turuncu biber

1 kiloluk kıyma

1 yemek kaşığı füme baharat (bkz.<u>yemek tarifi</u>)

1 yemek kaşığı sızma zeytinyağı

1 küçük sarı soğan, doğranmış

3 diş kıyılmış sarımsak

1 küçük baş karnabahar, çekirdeği çıkarılmış ve
    çiçeklere bölünmüş

1 15 onsluk tuz eklenmemiş ateşte kavrulmuş domates,
    süzülmüş

¼ bardak ince kıyılmış taze maydanoz

½ çay kaşığı karabiber

⅛ çay kaşığı acı biber

½ fincan fındık kırıntısı tepesi (bkz.<u>yemek tarifi</u>,
    uyarınca)

1. Fırını önceden 375° F'ye ısıtın. Biberleri dikey olarak
    ikiye bölün. Sapları, tohumları ve zarları çıkarın;
    atmak Biber yarımlarını bir kenara koyun.

2. Kıymayı orta boy bir kaseye koyun; füme baharat serpin. Ellerinizi kullanarak baharatları ete yavaşça karıştırın.

3. Zeytinyağını büyük bir tavada orta ateşte ısıtın. Eti, soğanı ve sarımsağı ekleyin; Et kızarana ve soğan yumuşayana kadar, tahta kaşıkla karıştırarak eti parçalayana kadar pişirin. Tavayı ocaktan alın.

4. Karnabahar çiçeklerini ince bir şekilde doğranana kadar püre haline getirmek için bir mutfak robotu kullanın. (Mutfak robotunuz yoksa karnabaharı kutu rendesi ile rendeleyin.) Karnabaharı 3 su bardağı ölçün. Tavadaki kıyma karışımına ekleyin. (Karnabahar kaldıysa başka kullanım için saklayın.) Süzülmüş domatesi, maydanozu, karabiberi ve kırmızı biberi ekleyin.

5. Biber yarımlarını kıyma karışımıyla doldurun, hafifçe paketleyin ve biraz dökün. Doldurulmuş biber yarımlarını bir fırın tepsisine yerleştirin. 30-35 dakika veya biberler çıtır çıtır olana kadar pişirin. *Üstüne ceviz kırıntısı serpin. İstenirse, servis yapmadan önce kızarması için 5 dakika fırına dönün.

Ceviz Kırıntısı Tepesi: 1 çorba kaşığı sızma zeytinyağını orta-düşük ateşte orta tavada ısıtın. 1 çay kaşığı kurutulmuş kekik, 1 çay kaşığı füme kırmızı biber ve ¼ çay kaşığı sarımsak tozu ekleyin. 1 su bardağı ince kıyılmış cevizi ekleyin. Yaklaşık 5 dakika veya cevizler altın rengi kahverengi olana ve hafifçe kızarana kadar pişirin ve karıştırın. Bir veya iki tutam acı biber ekleyin. Tamamen soğumaya bırakın. Artık pansumanı kullanıma hazır oluncaya kadar buzdolabında hava geçirmez bir kapta saklayın. 1 bardak yapar.

*Not: Yeşil biber kullanıyorsanız 10 dakika daha pişirin.

CABERNET SOĞANLI VE ROKALI BIZON BURGERLER

EV ÖDEVI:Pişirme: 30 dakika: 18 dakika Izgara: 10 dakika
Verim: 4 porsiyon

BICHON'UN YAĞ ORANI ÇOK DÜŞÜKTÜRVE SIĞIR ETINDEN %30-50 DAHA HIZLI PIŞECEKTIR. ET, PIŞTIKTEN SONRA KIRMIZI RENGINI KORUR, DOLAYISIYLA RENK, PIŞTIĞININ GÖSTERGESI DEĞILDIR. BIZON ÇOK YAĞSIZ OLDUĞU IÇIN ONU 155°F IÇ SICAKLIĞA KADAR PIŞIRMEYIN.

2 yemek kaşığı sızma zeytinyağı

2 büyük tatlı soğan, ince dilimlenmiş

¾ bardak Cabernet Sauvignon veya diğer sek kırmızı şarap

1 çay kaşığı Akdeniz baharatı (bkz.<u>yemek tarifi</u>)

¼ bardak sızma zeytinyağı

¼ bardak balzamik sirke

1 yemek kaşığı ince kıyılmış arpacık soğanı

1 yemek kaşığı doğranmış taze fesleğen

1 diş küçük sarımsak, kıyılmış

1 kiloluk öğütülmüş bizon

¼ bardak fesleğen pesto (bkz.<u>yemek tarifi</u>)

5 bardak roka

Kavrulmuş çiğ tuzsuz antep fıstığı (bkz.<u>eğim</u>)

1. 2 yemek kaşığı yağı büyük bir tavada orta-düşük ateşte ısıtın. Soğanları ekleyin. Ara sıra karıştırarak, üstü kapalı olarak 10 ila 15 dakika veya soğanlar yumuşayana kadar pişirin.

keşfetmek; Orta ateşte 3-5 dakika veya soğanlar altın rengi kahverengi olana kadar pişirin ve karıştırın. Şarap ekleyin; yaklaşık 5 dakika veya şarabın çoğu buharlaşana kadar pişirin. Akdeniz baharatını serpin; sıcak tutmak

2. Bu arada salata sosu için ¼ bardak zeytinyağı, sirke, arpacık soğan, fesleğen ve sarımsağı bir kavanozda birleştirin. Örtün ve iyice çalkalayın.

3. Büyük bir kapta öğütülmüş bizonu ve fesleğen pestosunu hafifçe birleştirin. Et karışımını hafifçe dört adet ¾ inç kalınlığında köfte haline getirin.

4. Kömürlü veya gazlı ızgaralar için, patatesleri doğrudan orta ateşte hafifçe yağlanmış bir ızgaraya yerleştirin. Kapağı kapatın ve istenen pişene kadar yaklaşık 10 dakika ızgara yapın (orta-az pişmiş için 145°F veya orta pişmiş için 155°F), pişirmenin yarısında bir kez çevirerek.

5. Rokayı geniş bir kaseye yerleştirin. Salata sosunu rokanın üzerine yayın; havlu atmak Servis yapmak için soğanları dört servis tabağına bölün; her birinin üstüne birer bizon empanada koyun. Rokalı üst burgerler ve antep fıstığı serpin.

İSVIÇRE MANGOSU VE TATLI PATATES ÜZERINDE KAVRULMUŞ BIZON VE KUZU ETI

EV ÖDEVI:1 saat pişirme: 20 dakika pişirme: 1 saat dinlenme: 10 dakika Verim: 4 porsiyon

BU GÜZEL ESKI MODA RAHAT YEMEKMODERN BIR DOKUNUŞLA. KIRMIZI ŞARAP SOSU KAVRULMUŞ ETE LEZZET KATARKEN, SARIMSAKLI PAZI VE KAJU KREMASI VE HINDISTANCEVIZI YAĞI ILE TATLI PATATES PÜRESI INANILMAZ BESIN DEĞERI KATIYOR.

2 yemek kaşığı zeytinyağı

1 su bardağı ince doğranmış cremini mantarı

½ su bardağı ince doğranmış kırmızı soğan (1 orta boy)

½ su bardağı ince kıyılmış kereviz (1 sap)

⅓ bardak ince doğranmış havuç (1 küçük)

½ küçük elma, çekirdeği çıkarılmış, soyulmuş ve doğranmış

2 diş kıyılmış sarımsak

½ çay kaşığı Akdeniz baharatları (bkz.<u>yemek tarifi</u>)

1 büyük yumurta, hafifçe dövülmüş

1 yemek kaşığı şeritler halinde kesilmiş taze adaçayı

1 yemek kaşığı taze kekik, şeritler halinde kesilmiş

8 oz. Öğütülmüş Bizon

8 ons kıyma kuzu veya sığır eti

¾ fincan sek kırmızı şarap

1 orta boy arpacık soğanı, ince doğranmış

¾ su bardağı dana kemik suyu (bkz.yemek tarifi) veya
    tuzsuz et suyu
tatlı patates püresi (bkz.yemek tarifi, uyarınca)
Sarımsaklı İsviçre pazı (bkz.yemek tarifi, uyarınca)

1. Fırını önceden 350° F'a ısıtın. Yağı büyük bir tavada
   orta ateşte ısıtın. Mantarları, soğanı, kerevizi ve
   havuçları ekleyin; yaklaşık 5 dakika veya sebzeler
   yumuşayana kadar pişirin ve karıştırın. Isıyı en aza
   indirin; rendelenmiş elmayı ve sarımsağı ekleyin.
   Kapağı kapalı olarak yaklaşık 5 dakika veya
   sebzeler iyice yumuşayana kadar pişirin. Ateşten
   alın; Akdeniz baharatlarını ekleyin.

2. Delikli bir kaşık kullanarak mantar karışımını büyük
   bir kaseye koyun ve yağı tavada bırakın.
   Yumurtayı, adaçayı ve kekiği birlikte çırpın.
   Öğütülmüş bizonu ve öğütülmüş kuzuyu ekleyin;
   hafifçe karıştırın. Et karışımını 2 qt'lik bir kaseye
   yerleştirin. dikdörtgen pişirme şekli; 7 × 4 inçlik bir
   dikdörtgen oluşturun. Yaklaşık 1 saat veya
   termometre 155° F'yi gösterene kadar pişirin. 10
   dakika bekletin. Köfteleri dikkatlice çıkarıp servis
   tabağına alın. Örtün ve sıcak tutun.

3. Tava sosu için, fırın tepsisindeki yağı ve çıtır
   kahverengi parçaları tava yağına atın. Şarap ve
   arpacık soğanı ekleyin. Orta ateşte kaynatın; yarı
   yarıya azalıncaya kadar pişirin. Sığır eti kemik
   suyunu ekleyin; yarı yarıya azalıncaya kadar pişirin
   ve karıştırın. Tavayı ocaktan alın.

4. Servis yapmak için tatlı patates püresini dört servis tabağına bölün; üstüne sarımsaklı pazı ekleyin. Bir parça et; Dilimleri sarımsak pazısının üzerine yerleştirin ve tava sosunu gezdirin.

Tatlı Patates Püresi: 4 adet orta boy tatlı patatesi soyun ve küp küp doğrayın. Patatesleri üzerini kaplayacak kadar kaynar su dolu büyük bir tencerede 15 dakika veya yumuşayana kadar pişirin; Patates eziciyle Mash'i boşaltın. ½ bardak kaju kreması ekleyin (bkz.yemek tarifi) ve 2 yemek kaşığı rafine edilmemiş hindistancevizi yağı; Pürüzsüz olana kadar karıştır. Sıcak kalmak.

Sarımsaklı pazı: 2 demet pazıdan sapları çıkarın ve atın. Yaprakları büyük parçalar halinde kesin. 2 yemek kaşığı zeytinyağını büyük bir tavada orta ateşte ısıtın. İsviçre pazısını ve 2 diş kıyılmış sarımsağı ekleyin; Pazı yumuşayıncaya kadar ara sıra karıştırarak pişirin.

ELMA VE KUŞ ÜZÜMÜ ILE BOYANMIŞ KABAK

PAPPARDELLE ILE BIZON KÖFTE

EV ÖDEVI:25 dakika pişirin: 15 dakika pişirin: 18 dakika
Verim: 4 porsiyon

KÖFTELER ÇOK ISLAK OLACAKONLARI NASIL ŞEKILLENDIRIYORSUN ET KARIŞIMININ ELLERINIZE YAPIŞMASINI ÖNLEMEK IÇIN BIR KASE SOĞUK SUYU HAZIR BULUNDURUN VE ÇALIŞIRKEN ELLERINIZI ARA SIRA ISLATIN. KÖFTELERI HAZIRLARKEN SUYUNU BIRKAÇ KEZ DEĞIŞTIRIN.

KÖFTELER
Zeytin yağı
½ su bardağı iri doğranmış kırmızı soğan
2 diş kıyılmış sarımsak
1 yumurta, hafifçe çırpılmış
½ su bardağı ince doğranmış mantar ve sapları
2 yemek kaşığı doğranmış taze İtalyan maydanozu
(düz yaprak).
2 çay kaşığı zeytinyağı
1 kiloluk öğütülmüş bizon (varsa çok kaba)

ELMA VE KUŞ ÜZÜMÜ SOSU
2 yemek kaşığı zeytinyağı
2 büyük Granny Smith elması, soyulmuş, çekirdekleri
çıkarılmış ve ince dilimlenmiş
2 adet doğranmış arpacık
2 yemek kaşığı taze limon suyu

½ bardak tavuk kemik suyu (bkz.yemek tarifi) veya tuzsuz tavuk suyu

2-3 yemek kaşığı kuru kuş üzümü

KABAK PAPPARDELLE

6 kabak

2 yemek kaşığı zeytinyağı

¼ bardak ince kıyılmış sarımsak

½ çay kaşığı toz kırmızı biber

2 diş kıyılmış sarımsak

1. Köfte için fırını önceden 375° F'ye ısıtın. Kenarlı bir fırın tepsisini hafifçe zeytinyağıyla kaplayın; erteleyin Soğanı ve sarımsağı bir mutfak robotu veya blenderde karıştırın. Pürüzsüz olana kadar basın. Soğan karışımını orta boy bir kaseye aktarın. Yumurta, mantar, maydanoz ve 2 çay kaşığı yağı ekleyin; birleştirmek için karıştırın. Zemin bizonunu ekleyin; hafifçe ama iyice karıştırın. Et karışımını 16 porsiyona bölün; köfte oluşturun. Köfteleri hazırlanan fırın tepsisine eşit şekilde yerleştirin. 15 dakika pişirin; erteleme

2. Sos için 2 yemek kaşığı yağı bir tavada orta ateşte ısıtın. Elma ve arpacık soğanı ekleyin; 6-8 dakika veya iyice yumuşayana kadar pişirin ve karıştırın. Limon suyu ekleyin. Karışımı bir mutfak robotuna veya blendera aktarın. Örtün ve pürüzsüz olana kadar işleyin veya karıştırın; tavaya dönün. Tavuk kemik suyunu ve kuş üzümünü dökün. Kaynatın; ısıyı azaltmak Sık sık karıştırarak 8-10 dakika boyunca ağzı açık olarak pişirin. Köfteleri ekleyin; kısık ateşte iyice ısınana kadar pişirin ve karıştırın.

3. Bu arada pappardelle için kabakların uçlarını kesin. Kabağı ince şeritler halinde tıraş etmek için çok keskin bir mandolin veya sebze soyucu kullanın. (Kurdelelerin sağlam kalması için, kabakların ortasındaki çekirdeklere ulaştığınızda tıraş etmeyi bırakın.) 2 yemek kaşığı yağı ekstra geniş bir tavada orta ateşte ısıtın. Soğanı, doğranmış kırmızı biberi ve sarımsağı ekleyin; 30 saniye pişirin ve karıştırın. Kabak şeritlerini ekleyin. Yaklaşık 3 dakika veya yumuşayana kadar yavaşça pişirin ve karıştırın.

4. Servis yapmak için pappardelle'yi dört servis tabağına bölün; üstüne köfte, elma ve kuş üzümü sosu ekleyin.

KAVRULMUŞ SARIMSAKLI SPAGETTI KABAKLI BISON PORCINI BOLOGNESE

EV ÖDEVI:30 dakika pişirme: 1 saat 30 dakika pişirme: 35 dakika Verim: 6 porsiyon

EĞER YEDIĞINI DÜŞÜNÜYORSANPALEO DIYETI®'NI SEÇTIĞINIZDE ET SOSLU SON TABAK SPAGETTIYI TEKRAR DÜŞÜNÜN. SARIMSAK, KIRMIZI ŞARAP VE TOPRAK MANTARLARIYLA TATLANDIRILAN BU ZENGIN BOLONYA PEYNIRI, TATLI VE IŞTAH AÇICI SPAGETTI KABAK DILIMLERIYLE DOLUDUR. MAKARNA SIKINTISI KESINLIKLE OLMAYACAK.

- 1 ons kurutulmuş mantar
- 1 bardak kaynar su
- 3 yemek kaşığı sızma zeytinyağı
- 1 kiloluk öğütülmüş bizon
- 1 su bardağı ince doğranmış havuç (2)
- ½ su bardağı doğranmış soğan (1 orta boy)
- ½ su bardağı ince kıyılmış kereviz (1 sap)
- 4 diş sarımsak, kıyılmış
- 3 yemek kaşığı tuzsuz domates salçası
- ½ bardak kırmızı şarap
- 2 15 onsluk kutu tuzsuz doğranmış domates
- 1 çay kaşığı kurutulmuş kekik, doğranmış
- 1 çay kaşığı kurutulmuş kekik, öğütülmüş
- ½ çay kaşığı karabiber
- 1 orta boy spagetti kabak (2,5 ila 3 pound)
- 1 ampul sarımsak

1. Porcini mantarlarını ve kaynar suyu küçük bir kasede birleştirin; 15 dakika dinlenmeye bırakın. %100 pamuklu tülbentle kaplı bir süzgeçten geçirin ve ıslatma sıvısını saklayın. Mantarları doğrayın; bir kenara

2. 1 çorba kaşığı zeytinyağını 4 ila 5 litrelik bir tencerede orta ateşte ısıtın. Öğütülmüş bizonu, havuçları, soğanı, kerevizi ve sarımsağı ekleyin. Eti parçalamak için tahta kaşıkla karıştırarak etler kızarana ve sebzeler yumuşayana kadar pişirin. Domates salçasını ekleyin; 1 dakika pişirin ve karıştırın. Kırmızı şarap ekleyin; 1 dakika pişirin ve karıştırın. Porçini mantarı, domates, kekik, kekik ve biberi ekleyin. Kasenin dibine kum veya çakıl eklememeye dikkat ederek ayrılmış mantar sıvısını ekleyin. Ara sıra karıştırarak kaynatın; ısıyı düşük seviyeye düşürün. Kapağı kapalı olarak 1½ ila 2 saat veya istenilen kıvama gelinceye kadar pişirin.

3. Bu arada fırını 375° F'ye önceden ısıtın. Kabağı uzunlamasına ikiye bölün; tohumları çıkarın. Kabak yarımlarını kesilmiş tarafı aşağı gelecek şekilde büyük bir fırın tepsisine yerleştirin. Derinin her yerini çatalla delin. Sarımsak karanfilinin üst kısmından ½ inç kesin. Sarımsakları kesilmiş tarafı yukarı bakacak şekilde kabaklı tepsiye yerleştirin. Kalan yemek kaşığı zeytinyağını gezdirin. 35-45 dakika veya kabak ve sarımsaklar yumuşayana kadar kızartın.

4. Kabağın her iki tarafındaki eti çıkarmak ve ezmek
   için bir kaşık ve çatal kullanın; bir kaseye aktarın ve
   sıcak tutmak için üzerini örtün. Sarımsak elle
   tutulabilecek kadar soğuduğunda, karanfilleri
   çıkarmak için ampulü alttan bastırın. Sarımsak
   dişlerini çatal yardımıyla ezin. Kıyılmış sarımsağı
   kabak içine karıştırın, sarımsakları eşit şekilde
   dağıtın. Servis etmek için sosu kabak karışımının
   üzerine dökün.

BIZON CHILI CON CARNE

EV ÖDEVI:25 dakika Pişirme süresi: 1 saat 10 dakika
Verim: 4 porsiyon

ŞEKERSIZ ÇIKOLATA, KAHVE VE TARÇINBU
FAVORIYE ILGI EKLEYIN. EŞIT DUMANLI BIR TAT IÇIN
NORMAL KIRMIZI BIBERI 1 ÇORBA KAŞIĞI TATLI FÜME
KIRMIZI BIBERLE DEĞIŞTIRIN.

- 3 yemek kaşığı sızma zeytinyağı
- 1 kiloluk öğütülmüş bizon
- ½ su bardağı doğranmış soğan (1 orta boy)
- 2 diş kıyılmış sarımsak
- 2 adet 14,5 onsluk kutu tuzsuz, süzülmemiş doğranmış domates
- 1 6 onsluk tuzsuz domates salçası
- 1 su bardağı dana kemik suyu (bkz.<u>yemek tarifi</u>) veya tuzsuz et suyu
- ½ fincan sert kahve
- 2 oz %99 Kakaolu Pişirme Barı, Ezilmiş
- 1 yemek kaşığı kırmızı biber
- 1 çay kaşığı öğütülmüş kimyon
- 1 çay kaşığı kurutulmuş kekik
- 1½ çay kaşığı füme baharatlar (bkz.<u>yemek tarifi</u>)
- ½ çay kaşığı öğütülmüş tarçın
- ⅓ bardak nugget
- 1 çay kaşığı zeytinyağı
- ½ fincan kaju kreması (bkz.<u>yemek tarifi</u>)
- 1 çay kaşığı taze limon suyu

½ bardak taze kişniş yaprağı

4 dilim limon

1. 3 yemek kaşığı zeytinyağını bir tencerede orta ateşte ısıtın. Öğütülmüş bizonu, soğanı ve sarımsağı ekleyin; Eti parçalamak için tahta bir kaşıkla karıştırarak yaklaşık 5 dakika veya et kızarana kadar pişirin. Güneşte kurutulmuş domatesleri, salçayı, dana kemik suyunu, kahveyi, çikolatayı, kırmızı biberi, kimyonu, kekik, 1 çay kaşığı yenibaharı ve tarçını ekleyin. Kaynatın; ısıyı azaltmak Ara sıra karıştırarak, kapağı kapalı olarak 1 saat pişirin.

2. Bu arada küçük bir tavada orta ateşte nugget'ları 1 çay kaşığı zeytinyağıyla patlayıp kahverengileşene kadar kızartın. Kabak çekirdeklerini küçük bir kaseye koyun; kalan ½ çay kaşığı füme baharatları ekleyin; havlu atmak

3. Küçük bir kapta kaju kremasını ve limon suyunu karıştırın.

4. Servis yaparken biberleri kaselere koyun. Üstüne kaju kreması, çekirdekler ve kişniş ekleyin. Kireç dilimleri ile servis yapın.

IZGARA LIMONLU FAS BAHARATLI BIZON BIFTEĞI

EV ÖDEVI:10 dakika ızgara: 10 dakika Verim: 4 porsiyon

BU HIZLI BIFTEKLERI SERVIS EDINBAHARATLI TAZE
VE ÇITIR HAVUÇ SALATASI ILE (BKZ.YEMEK TARIFI).
CANINIZ HINDISTANCEVIZI KREMALI IZGARA
ANANASLA BIR ZIYAFET ÇEKME HAVASINDAYSANIZ
(BKZ.YEMEK TARIFI) YEMEĞI BITIRMENIN GÜZEL BIR
YOLU OLABILIR.

2 yemek kaşığı öğütülmüş tarçın

2 yemek kaşığı kırmızı biber

1 yemek kaşığı sarımsak tozu

¼ çay kaşığı acı biber

4 6 onsluk bizon filetosu, ¾ ila 1 inç kalınlığında
kesilmiş

2 limon, yatay olarak ikiye bölünmüş

1. Küçük bir kapta tarçın, kırmızı biber, sarımsak tozu
ve kırmızı biberi birleştirin. Biftekleri kağıt havluyla
kurulayın. Bifteğin her iki tarafını da baharat
karışımıyla ovalayın.

2. Kömürlü veya gazlı ızgaralar için ızgaraları doğrudan
orta ateşte yerleştirin. Kapağı kapatın ve orta
(145°F) için 10 ila 12 dakika veya orta (155°F) için
12 ila 15 dakika ızgara yapın, pişirme işleminin
yarısında bir kez çevirin. Bu arada limon yarımlarını
kesilmiş tarafı aşağı bakacak şekilde ızgaraya
yerleştirin. 2-3 dakika veya hafifçe kömürleşene ve
sulu olana kadar ızgara yapın.

3. Bifteklerin üzerine sıkmak için ızgara limon yarımları
   ile servis yapın.

PROVENCE OTLARIYLA OVUŞTURULMUŞ BIZON FILETOSU

EV ÖDEVI:15 dakika pişirme: 15 dakika pişirme: 1 saat 15 dakika dinlenme: 15 dakika Verim: 4 porsiyon

HERBES DE PROVENCE BIR KARIŞIMDIRFRANSA'NIN GÜNEYINDE BOL MIKTARDA YETIŞEN KURUTULMUŞ OTLAR. KARIŞIM GENELLIKLE FESLEĞEN, REZENE TOHUMU, LAVANTA, MERCANKÖŞK, BIBERIYE, ADAÇAYI, TUZLU VE KEKIK KOMBINASYONUNU IÇERIR. BU TAMAMEN AMERIKAN BIFTEĞINE HARIKA BIR LEZZET KATIYOR.

1 3 kiloluk kızarmış bizon filetosu

3 yemek kaşığı Provence otu

4 yemek kaşığı sızma zeytinyağı

3 diş kıyılmış sarımsak

4 küçük yaban havucu, soyulmuş ve doğranmış

2 adet olgun armut, soyulmuş ve kesilmiş

½ bardak şekersiz armut nektarı

1-2 çay kaşığı taze kekik

1. Fırını önceden 375° F'ye ısıtın. Biftekteki yağı kesin. Küçük bir kapta Herbes de Provence, 2 yemek kaşığı zeytinyağı ve sarımsağı birleştirin; bifteğin her yerine sürün.

2. Bifteği sığ bir tavadaki ızgaraya yerleştirin. Tavanın ortasına bir fırın termometresi yerleştirin. *15 dakika kadar ağzı açık pişirin. Fırın sıcaklığını 300°F'a

düşürün. 60 ila 65 dakika daha veya et termometresi 140°F (orta pişmiş) değerini gösterene kadar kızartın. Alüminyum folyo ile üzerini kapatıp 15 dakika dinlenmeye bırakın.

3. Bu arada kalan 2 yemek kaşığı zeytinyağını büyük bir tavada orta ateşte ısıtın. Yaban havuçlarını ve armutları ekleyin; 10 dakika veya yaban havuçları gevrek ve yumuşak oluncaya kadar ara sıra karıştırarak pişirin. Armut nektarını ekleyin; yaklaşık 5 dakika veya sos biraz kalınlaşana kadar pişirin. Kekik serpin.

4. Filetoyu damar boyunca ince dilimler halinde kesin. Eti yaban havucu ve armutla birlikte servis edin.

*İpucu: Bizon çok yağsızdır ve sığır etinden daha hızlı pişer. Ayrıca etin rengi sığır etinden daha kırmızıdır, dolayısıyla pişmiş olup olmadığını belirlemek için görsel bir ipucuna güvenemezsiniz. Etin ne zaman piştiğini anlamak için bir et termometresine ihtiyacınız olacak. Gerekli olmasa da bir fırın termometresi idealdir.

MANDALINA GREMOLATA VE KEREVIZ KÖKÜ PÜRESI ILE KAHVEDE KIZARTILMIŞ BIZON KABURGALARI

EV ÖDEVI:Pişirme süresi: 15 dakika: 2 saat 45 dakika
Verim: 6 porsiyon

BIZON KABURGALARI BÜYÜK VE ETLIDIR.YUMUŞATILMASI IÇIN SIVI IÇERISINDE UZUN SÜRE KAYNATILMASI GEREKIR. MANDALINA KABUĞUNDAN YAPILAN GREMOLATA BU DOYURUCU YEMEĞIN LEZZETINE RENK KATIYOR.

TURSU
  2 bardak su
  3 fincan sert, soğuk kahve
  2 su bardağı taze mandalina suyu
  2 yemek kaşığı şeritler halinde kesilmiş taze biberiye
  1 çay kaşığı iri öğütülmüş karabiber
  4 pound bizon kaburga, onları ayırmak için
      kaburgaların arasından kesilmiş

GÜVEÇ YAPMAK
  2 yemek kaşığı zeytinyağı
  1 çay kaşığı karabiber
  2 su bardağı doğranmış soğan
  ½ bardak doğranmış arpacık soğanı
  6 diş kıyılmış sarımsak
  1 jalapeno biberi, çekirdekleri çıkarılmış ve doğranmış
      (bkz.eğim)
  1 fincan sert kahve

1 su bardağı dana kemik suyu (bkz.<u>yemek tarifi</u>) veya tuzsuz et suyu

¼ fincan Paleo ketçap (bkz.<u>yemek tarifi</u>)

2 yemek kaşığı Dijon usulü hardal (bkz.<u>yemek tarifi</u>)

3 yemek kaşığı elma sirkesi

Kereviz kökü püresi (bkz.<u>yemek tarifi</u>, uyarınca)

Mandarin Gremolata (bkz.<u>yemek tarifi</u>, Kanun)

1. Marine için su, soğuk kahve, mandalina suyu, biberiye ve karabiberi tepkimeye girmeyen büyük bir kapta (cam veya paslanmaz çelik) birleştirin. Kaburgaları ekleyin. Gerekirse, daldırma için kaburgaların üzerine bir tabak yerleştirin. Kapağı kapatın ve 4-6 saat buzdolabında saklayın, bir kez karıştırın ve fırlatın.

2. Kızartmak için fırını önceden 325° F'a ısıtın. Kaburgaları boşaltın, turşuyu atın. Kaburgaları kağıt havluyla kurulayın. Büyük bir Hollanda fırınında zeytinyağını orta-yüksek ateşte ısıtın. Kaburgaları karabiberle tatlandırın. Kaburgaları her tarafı kızarana kadar yaklaşık 5 dakika boyunca gruplar halinde pişirin. Büyük bir tabağa aktarın.

3. Tencereye soğanı, arpacık soğanı, sarımsağı ve jalapeño'yu ekleyin. Isıyı orta dereceye düşürün, kapağını kapatın ve sebzeler yumuşayana kadar ara sıra karıştırarak yaklaşık 10 dakika pişirin. Kahve ve et suyu ekleyin; kızartılmış parçaları kazıyarak karıştırın. Paleo ketçapı, Dijon usulü hardalı ve sirkeyi ekleyin. Kaynatın. Kaburgaları ekleyin. Kapağını kapatıp fırına aktarın. Et yumuşayana kadar yaklaşık 2 saat 15 dakika

pişirin, yavaşça karıştırın ve kaburgaları bir veya iki kez yeniden konumlandırın.

4. Kaburgaları bir tabağa aktarın; Sıcak tutmak için alüminyum folyolu çadır. Bir kaşık kullanarak sosun yüzeyindeki yağı alın. Sosu 2 bardağa düşene kadar yaklaşık 5 dakika kaynatın. Kereviz kökü püresini 6 tabağa bölün; üstüne kaburga ve sos ekleyin. Mandarin Gremolata serpin.

Kereviz Kökü Püresi: Büyük bir tencerede, soyulmuş ve 1 inçlik parçalar halinde kesilmiş 3 kilo kereviz kökünü ve 4 bardak tavuk kemik suyunu birleştirin (bkz.yemek tarifi) veya tuzsuz tavuk suyu. Kaynatın; ısıyı azaltmak Kereviz kökünü boşaltın ve stokunu bırakın. Kereviz kökünü tencereye geri koyun. 1 yemek kaşığı zeytinyağı ve 2 çay kaşığı doğranmış taze kekik ekleyin. Kereviz kökünü patates eziciyle ezin, ayrılmış et suyunu her seferinde birkaç yemek kaşığı ekleyerek istenilen kıvama getirin.

Mandalina Gremolata: Küçük bir kapta ½ bardak doğranmış taze maydanozu, 2 yemek kaşığı ince rendelenmiş mandalina kabuğunu ve 2 diş kıyılmış sarımsağı birleştirin.

DANA KEMIK SUYU

EV ÖDEVI:25 dakika Kızartma: 1 saat Pişirme: 8 saat
Verim: 8-10 bardak

KEMIKLI ÖKÜZ KUYRUĞUNDAN SON DERECE ZENGIN AROMALI BIR ET SUYU ELDE EDILIRSIĞIR ETI SUYU GEREKTIREN HERHANGI BIR TARIFTE KULLANILABILIR VEYA GÜNÜN HERHANGI BIR SAATINDE BIR FINCAN OLARAK TÜKETILEBILIR. ESKIDEN ÖKÜZDEN GELIRKEN ARTIK ÖKÜZ KUYRUĞU ETÇIL BIR HAYVANDAN GELIYOR.

5 havuç, doğranmış

5 kereviz sapı, iri doğranmış

2 sarı soğan, soyulmamış, ikiye bölünmüş

8 ons porçini mantarı

1 ampul sarımsak, soyulmamış, ikiye bölünmüş

2 pound öküz kuyruğu veya sığır kemiği

2 domates

12 su bardağı soğuk su

3 defne yaprağı

1. Fırını önceden 400° F'ye ısıtın. Havuç, kereviz, soğan, mantar ve sarımsağı geniş bir fırın tepsisine veya sığ bir fırın tepsisine yerleştirin; kemikleri sebzelerin üzerine koyun. Domatesleri mutfak robotunda pürüzsüz hale gelinceye kadar işleyin. Domatesleri kemiklerin üzerini kaplayacak şekilde yayın (pürenin bir kısmının tavaya ve sebzelere damlaması sorun değil). 1 ila 1,5 saat veya

kemikler altın rengi kahverengi olana ve sebzeler karamelize olana kadar ızgara yapın. Kemikleri ve sebzeleri 10 ila 12 litrelik bir tencereye veya Hollandalı fırına aktarın. (Tavanın dibinde domates karışımının bir kısmı karamelize olursa tavaya 1 su bardağı sıcak su ekleyip parçaları süzün. Sıvıyı kemiklerin ve sebzelerin üzerine dökün ve suyu 1 su bardağı kadar azaltın.) .

2. Karışımı orta-yüksek ateşte yavaş yavaş kaynatın. Ateşi azaltın; Kapağını kapatıp ara sıra karıştırarak 8-10 saat pişirin.

3. Et suyunu süzün; kemikleri ve sebzeleri atın. taze et suyu; et suyunu saklama kaplarına aktarın ve 5 güne kadar buzdolabında saklayın; 3 aya kadar dondurun. *

Yavaş Pişirici Talimatları: 6 ila 8 litrelik yavaş pişiricide, 1 pound sığır kemiği, 3 havuç, 3 sap kereviz, 1 sarı soğan ve 1 ampul sarımsak kullanın. 1 adet domatesi ezip kemiklerini rendeleyin. Belirtildiği gibi ızgara yapın, ardından kemikleri ve sebzeleri yavaş tencereye aktarın. Karamelize edilmiş domateslerin tamamını talimatlara göre soyun ve yavaş pişiriciye ekleyin. Üzerini kaplayacak kadar su ekleyin. Et suyu kaynamaya başlayana kadar yaklaşık 4 saat boyunca yüksek ateşte örtün ve pişirin. Kaynamaya bırakın; 12 ila 24 saat pişirin. Et suyunu süzün; kemikleri ve sebzeleri atın. Talimatlara göre saklayın.

*İpucu: Et suyundaki yağı kolayca çıkarmak için, kapalı bir kapta buzdolabında bir gece saklayın. Yağ üste çıkacak ve kolayca çıkarılabilecek katı bir tabaka oluşturacaktır. Stok soğudukça kalınlaşabilir.

BAHARATLI PATATES KIZARTMASI ILE TUNUS BAHARATLI DOMUZ OMUZU

EV ÖDEVI:Kızartma 25 dakika: Pişirme 4 saat: 30 dakika
Verim: 4 porsiyon

BU PIŞIRMEK IÇIN HARIKA BIR YEMEKSERIN BIR SONBAHAR GÜNÜNDE. ETLER FIRINDA SAATLERCE PIŞEREK EVINIZIN HARIKA KOKMASINI SAĞLAR VE SIZE BAŞKA ŞEYLER YAPMAK IÇIN ZAMAN TANIR. FIRINDA TATLI PATATES KIZARTMASI, BEYAZ PATATESLERLE AYNI ÇEKICILIĞE SAHIP DEĞILDIR, ANCAK KENDI TARZLARINDA LEZZETLIDIRLER, ÖZELLIKLE DE SARIMSAKLI MAYONEZE BATIRILDIĞINDA.

DOMUZ ETI

- 1 2½-3 kiloluk kemikli domuz omuz bifteği
- 2 çay kaşığı öğütülmüş ancho chilies
- 2 çay kaşığı öğütülmüş kimyon
- 1 çay kaşığı kimyon tohumu, hafifçe öğütülmüş
- 1 çay kaşığı öğütülmüş kişniş
- ½ çay kaşığı öğütülmüş zerdeçal
- ¼ çay kaşığı öğütülmüş tarçın
- 3 yemek kaşığı zeytinyağı

PATATES KIZARTMASI

- 4 orta boy tatlı patates (yaklaşık 2 pound), soyulmuş ve ½ inç kalınlığında dilimlenmiş
- ½ çay kaşığı toz kırmızı biber

½ çay kaşığı soğan tozu

½ çay kaşığı sarımsak tozu

Zeytin yağı

1 soğan, ince doğranmış

Paleo Aïoli (sarımsak mayonezi) (bkz.yemek tarifi)

1. Fırını önceden 300° F'ye ısıtın. Etteki yağı kesin. Küçük bir kapta öğütülmüş şili, öğütülmüş kimyon, kimyon, kişniş, zerdeçal ve tarçını birleştirin. Eti baharat karışımıyla serpin; Eti parmaklarınızla eşit şekilde ovalayın.

2. 1 çorba kaşığı zeytinyağını 5 ila 6 litrelik fırına dayanıklı bir tencerede orta-yüksek ateşte ısıtın. Domuz eti her taraftan sıcak yağda kızartılır. Kapağını kapatıp yaklaşık 4 saat veya çok yumuşayana ve et termometresi 190° F'yi gösterene kadar pişirin. Hollandalı fırını fırından çıkarın. Siz cipsleri ve soğanları hazırlarken üzeri kapalı olarak bekletin ve 1 çorba kaşığı yağı Hollanda fırınında saklayın.

3. Fırın sıcaklığını 400° F'ye yükseltin. Patatesleri pişirmek için, tatlı patatesleri, kalan 2 yemek kaşığı zeytinyağını, ezilmiş kırmızı biberi, soğan tozunu ve sarımsak tozunu büyük bir kapta birleştirin; havlu atmak Büyük bir fırın tepsisini veya iki küçük fırın tepsisini alüminyum folyo ile kaplayın; ekstra zeytinyağı ile fırçalayın. Tatlı patatesleri hazırlanan fırın tepsilerine tek kat halinde yerleştirin. Tatlı patatesleri yarıya kadar çevirerek yaklaşık 30 dakika veya yumuşayana kadar pişirin.

4. Bu arada eti Hollandalı fırından çıkarın; Sıcak tutmak için alüminyum folyo ile örtün. Yağın 1 çorba kaşığını ayırarak yağı boşaltın. Ayrılmış yağı Hollanda fırınına iade edin. Soğanı ekleyin; Orta ateşte yaklaşık 5 dakika veya yumuşayana kadar ara sıra karıştırarak pişirin.

5. Domuz eti ve soğanı servis tabağına aktarın. İki çatal kullanarak domuz etini büyük parçalara ayırın. Çekilmiş domuz eti ve patates kızartmasını Paleo Aïoli ile servis edin.

IZGARA KÜBA DOMUZ OMUZU

EV ÖDEVI:15 dakika Marine edilmiş: 24 saat Izgara: 2 saat 30 dakika Dinlenme: 10 dakika Verim: 6-8 porsiyon

MENŞE ÜLKESINDE "LECHÓN ASADO" OLARAK BILINEN,BU DOMUZ ROSTOSU, TAZE NARENCIYE SUYU, BAHARATLAR, EZILMIŞ KIRMIZI BIBER VE BIR DIŞ KIYILMIŞ SARIMSAĞIN BIRLEŞIMIYLE MARINE EDILIR. SICAK KÖMÜRLERIN ÜZERINDE IZGARADA PIŞIRILIP BIR GECE BOYUNCA MARINE EDILMIŞ SUDA BEKLETILMESI ONA HARIKA BIR TAT VERIR.

1 ampul sarımsak, taneleri ayrılmış, soyulmuş ve doğranmış

1 su bardağı iri doğranmış soğan

1 bardak zeytinyağı

1⅓ bardak taze limon suyu

⅔ bardak taze portakal suyu

1 yemek kaşığı öğütülmüş kimyon

1 yemek kaşığı kurutulmuş kekik, doğranmış

2 çay kaşığı taze çekilmiş karabiber

1 çay kaşığı toz kırmızı biber

14-5 kiloluk kemiksiz kızarmış domuz omuzu

1. Marine için sarımsak başlarını tanelere ayırın. Karanfilleri soyun ve doğrayın; geniş bir kaseye koyun. Soğanı, zeytinyağını, limon suyunu, portakal suyunu, kimyonu, kekik, karabiber ve toz kırmızı biberi ekleyin. İyice karıştırın ve bir kenara koyun.

2. Bir kemiksi saplama bıçağı kullanarak domuz
   rostosu her taraftan derin şekilde delin. Biftekleri
   dikkatlice turşunun içine indirin ve mümkün olduğu
   kadar sıvıya batırın. Kaseyi plastik ambalajla örtün.
   Bir kez çevirerek buzdolabında 24 saat marine
   edin.

3. Domuz etini marinattan çıkarın. Marinayı orta boy bir
   tencereye dökün. Kaynatın; 5 dakika pişirin. Isıdan
   çıkarın ve soğutun. Erteleme.

4. Kömürlü ızgara için, kömürü damlama kabının
   etrafına orta ateşte yerleştirin. Bir tavada orta
   ateşte deneyin. Izgara etleri fırın tepsisine dizin.
   Kapağı kapatın ve 2½ ila 3 saat boyunca veya
   anında okunan bir termometre 140°F kızartma
   kayıtlarının ortasına yerleştirilene kadar ızgara
   yapın. (Gazlı ızgara kullanıyorsanız, ızgarayı
   önceden ısıtın. Isıyı orta dereceye düşürün.
   Kaynamaya bırakın. , eti ızgaraya koyun. Brülör
   yanmıyor. Kapağını kapatın ve belirtildiği gibi ızgara
   yapın.) Eti ızgaradan çıkarın. Folyo ile örtün ve
   dilimlemeden veya atmadan önce 10 dakika
   dinlendirin.

İTALYAN BAHARATLI SEBZELI DOMUZ ROSTOSU

EV ÖDEVI:20 dakika pişirme: 2 saat 25 dakika dinlenme: 10 dakika Verim: 8 porsiyon

"TAZE EN IYISIDIR" IYI BIR MANTRADIRNORMALDE YEMEK PIŞIRMENIZ GEREKTIĞINDE TAKIP ETMEK IÇIN. BUNUNLA BIRLIKTE, KURUTULMUŞ OTLAR ETIN ÜZERINE SÜRMEK IÇIN MÜKEMMELDIR. BITKILER KURUDUKÇA TATLARI DAHA KONSANTRE HALE GELIR. ETIN IÇINDEKI NEMLE TEMAS ETTIKLERINDE MAYDANOZ, REZENE, KEKIK, SARIMSAK VE ACI KIRMIZI BIBERLE TATLANDIRILMIŞ İTALYAN BIFTEĞI GIBI LEZZETLERINI ETE BIRAKIYORLAR.

2 yemek kaşığı kurutulmuş maydanoz, doğranmış

2 yemek kaşığı rezene tohumu, doğranmış

4 çay kaşığı kurutulmuş kekik, doğranmış

1 çay kaşığı taze çekilmiş karabiber

½ çay kaşığı toz kırmızı biber

4 diş sarımsak, kıyılmış

1 4 kiloluk kemikli domuz omuzu

1-2 yemek kaşığı zeytinyağı

1¼ bardak su

2 orta boy soğan, soyulmuş ve dilimlenmiş

1 büyük rezene soğanı, kesilmiş, çekirdeği çıkarılmış ve dilimlenmiş

2 kilo Brüksel lahanası

1. Fırını önceden 325° F'ye ısıtın. Küçük bir kapta maydanoz, rezene tohumu, kekik, karabiber,

ezilmiş kırmızı biber ve sarımsağı birleştirin;
erteleyin Gerekirse domuz kızartmasını çözün. Etin
yağını kesin. Eti her tarafına baharat karışımıyla
sürün. İstenirse bir arada tutmak için tekrar kızartın.

2. Yağı Hollanda fırınında orta-yüksek ateşte ısıtın. Eti
her taraftan kızgın yağda kızartın. Yağı boşaltın.
Biftek etrafındaki Hollandalı fırına su dökün. 1,5
saat ağzı açık olarak kızartılır. Soğanları ve
rezeneyi domuz rostosu etrafına yerleştirin.
Kapağını kapatıp 30 dakika daha pişirin.

3. Bu arada Brüksel lahanalarının saplarını kesin ve
solmuş dış yapraklarını çıkarın. Brüksel lahanalarını
ikiye bölün. Brüksel lahanalarını Hollanda fırınına
yerleştirin, diğer sebzelerin üzerine koyun. Kapağını
kapatıp 30-35 dakika daha veya sebzeler ve etler
yumuşayana kadar ızgara yapın. Eti servis
tabağına alıp üzerini alüminyum folyo ile örtün.
Dilimlemeden önce 15 dakika dinlendirin. Sebzeleri
tava suyuyla fırçalayın. Delikli bir kaşık kullanarak
sebzeleri servis tabağına veya kaseye yerleştirin;
sıcak tutmak için örtün.

4. Büyük bir kaşıkla tava sularındaki yağları çıkarın.
Kalan suyu bir süzgeçten geçirin. Domuzu kesin,
kemiği çıkarın. Eti sebze ve tava suları ile servis
edin.

YAVAŞ PIŞIRILMIŞ DOMUZ FILETOSU

EV ÖDEVI:20 dakika yavaş pişirme: 8 ila 10 saat (küçük) veya 4 ila 5 saat (büyük) Verim: 8 porsiyon

KIMYON, KIŞNIŞ, KEKIK, DOMATES, BADEM, KURU ÜZÜM, BIBER VE ÇIKOLATA ILE,BU ZENGIN VE BAHARATLI SOS, IYI BIR ŞEKILDE UZUN BIR YOL KAT EDIYOR. GÜNE BAŞLAMADAN ÖNCE SABAHA BAŞLAMAK IÇIN IDEAL BIR BESINDIR. EVE VARDIĞINIZDA AKŞAM YEMEĞI NEREDEYSE HAZIRDIR VE EVINIZ HARIKA KOKAR.

1 3 kiloluk kemiksiz kızarmış domuz omuzu

1 su bardağı iri doğranmış soğan

3 diş sarımsak, kıyılmış

1½ bardak sığır eti kemik suyu (bkz.<u>yemek tarifi</u>), tavuk kemik suyu (bkz.<u>yemek tarifi</u>) veya tuzsuz, tavuk veya et suyu olmadan

1 yemek kaşığı öğütülmüş kimyon

1 yemek kaşığı öğütülmüş kişniş

2 çay kaşığı kurutulmuş kekik, doğranmış

1 15 oz. tuzsuz doğranmış domates, süzülmüş

Tuzlu domates salçası 1 6 oz'a eklenemez

½ fincan kıyılmış badem, kızartılmış (bkz.<u>eğim</u>)

¼ bardak kükürtsüz kuru üzüm veya altın kuş üzümü

2 ons şekersiz çikolata (Scharffen Berger %99 Kakaolu Barlar gibi), iri kıyılmış

1 kuru ördek veya chipotle şili

2 adet 4 inç tarçın çubuğu

¼ bardak taze kişniş, doğranmış

1 avokado, soyulmuş, çekirdeği çıkarılmış ve ince
   dilimlenmiş

1 limon, dilimlenmiş

⅓ bardak kavrulmuş tuzsuz çiğ kabak çekirdeği (isteğe
   bağlı) (bkz.<u>eğim</u>)

1. Domuz rostosundaki yağı kesin. Gerekirse eti 5-6
   litrelik yavaş tencereye sığacak şekilde kesin;
   erteleme

2. Soğanı ve sarımsağı yavaş tencerede karıştırın. 2
   fincanlık bir cam ölçüm kabında sığır kemik suyunu,
   kimyonu, kişnişi ve kekiği birleştirin; bir tencereye
   dökün. Küp küp doğranmış domatesi, salçayı,
   bademi, kuru üzümü, çikolatayı, kurutulmuş biberi
   ve tarçın çubuklarını ekleyin. Eti tencereye koyun.
   Üzerine domatesli karışımın bir kısmını dökün.
   Kapağını kapatın ve düşük ateşte 8-10 saat veya
   yüksek ateşte 4-5 saat veya domuz eti yumuşayana
   kadar pişirin.

3. Domuzu bir kesme tahtasına aktarın; hafifçe
   soğutun. İki çatal yardımıyla eti parçalara ayırın. Eti
   alüminyum folyo ile kaplayıp bir kenara koyun.

4. Kurutulmuş biberleri ve tarçın çubuklarını çıkarın ve
   atın. Domates karışımındaki yağı çıkarmak için
   büyük bir kaşık kullanın. Domates karışımını bir
   blender veya mutfak robotuna aktarın. Neredeyse
   pürüzsüz olana kadar örtün ve karıştırın veya
   işleyin. Domuz eti ve sosu yavaş tencereye geri
   koyun. Servis yapmaya hazır olana kadar, 2 saate
   kadar, kısık ateşte sıcak tutun.

5. Servis yapmadan önce kişniş ekleyin. Köstebekleri
kaselerde servis edin ve avokado dilimleri, misket
limonu dilimleri ve istenirse kabak çekirdeği ile
süsleyin.

KIMYONLU DOMUZ ETI VE KABAK GÜVEÇ

EV ÖDEVI:30 dakika pişirme: 1 saat Verim: 4 porsiyon

BIBER VE KABAK HARDALLI HARDAL YEŞILLIKLERIBU DOĞU AVRUPA AROMALI GÜVECE CANLI RENK VE BOL MIKTARDA VITAMIN, LIF VE FOLIK ASIT KATIYOR.

1 1¼-1½ pound kızarmış domuz omuzu

1 yemek kaşığı kırmızı biber

1 yemek kaşığı kimyon, ince öğütülmüş

2 çay kaşığı kuru hardal

¼ çay kaşığı acı biber

2 yemek kaşığı rafine hindistan cevizi yağı

8 ons taze mantar, ince dilimlenmiş

2 sap kereviz, çapraz olarak 1 inçlik dilimler halinde
    kesilmiş

1 küçük kırmızı soğan, ince dilimlenmiş

6 diş kıyılmış sarımsak

5 su bardağı tavuk kemik suyu (bkz.yemek tarifi) veya
    tuzsuz tavuk suyu

2 su bardağı kabak, soyulmuş ve doğranmış

3 su bardağı iri kıyılmış hardal yeşillikleri veya lahana

2 yemek kaşığı şeritler halinde kesilmiş taze adaçayı

¼ bardak taze limon suyu

1. Domuz yağını kesin. Domuzu 1 ½ inçlik küpler halinde kesin; geniş bir kaseye koyun. Küçük bir kapta kırmızı biber, kimyon, kuru hardal ve kırmızı biberi birleştirin. Domuz etinin üzerine serpin, eşit şekilde kaplayacak şekilde fırlatın.

2. Hindistan cevizi yağını 4 ila 5 litrelik bir tencerede
   orta ateşte ısıtın. Etin yarısını ekleyin; ara sıra
   karıştırarak altın rengi kahverengi olana kadar
   pişirin. Eti tavadan çıkarın. Kalan etle aynı işlemi
   tekrarlayın. Eti rezerve edin.

3. Mantarları, kerevizi, kırmızı soğanı ve sarımsağı
   Hollanda fırınına ekleyin. Ara sıra karıştırarak 5
   dakika pişirin. Eti Hollanda fırınına geri koyun.
   Tavuk kemik suyunu dikkatlice dökün. Kaynatın;
   ısıyı azaltmak Kapağını kapatıp kısık ateşte 45
   dakika pişirin. Balkabağını ekleyin. Kapağını
   kapatıp 10-15 dakika daha veya domuz eti ve
   kabak yumuşayana kadar pişirin. Hardal
   yeşilliklerini ve adaçayı ekleyin. 2-3 dakika veya
   sebzeler yumuşayana kadar pişirin. Limon suyu
   ekleyin.

BRENDI SOSLU MEYVE ILE DOLDURULMUŞ ÜST SIĞIR FILETOSU

EV ÖDEVI:30 dakika pişirme: 10 dakika pişirme: 1 saat 15 dakika dinlenme: 15 dakika Verim: 8-10 porsiyon

BU ZARIF KIZARTMA MÜKEMMELÖZELLIKLE SONBAHARDA ÖZEL BIR GÜN VEYA AILE TOPLANTISI. LEZZETLERI (ELMA, HINDISTAN CEVIZI, FINDIK VE KURU MEYVELER) O MEVSIMIN RUHUNU YANSITIYOR. YABAN MERSINLI TATLI PATATES PÜRESI VE KAVRULMUŞ PANCARLA SERVIS YAPIN (BKZ.YEMEK TARIFI).

KIZARTMAK
1 yemek kaşığı zeytinyağı

2 su bardağı soyulmuş ve doğranmış Granny Smith elması (yaklaşık 2 orta boy)

1 ince kıyılmış arpacık soğanı

1 yemek kaşığı taze kekik, şeritler halinde kesilmiş

¾ çay kaşığı taze çekilmiş karabiber

⅛ çay kaşığı öğütülmüş hindistan cevizi

½ su bardağı doğranmış kuru kükürtsüz kayısı

¼ bardak kıyılmış ceviz, kızartılmış (bkz.eğim)

1 su bardağı tavuk kemik suyu (bkz.yemek tarifi) veya tuzsuz tavuk suyu

1 3 kiloluk kemiksiz domuz kafası kızartma domuz filetosu (sade fileto)

BRENDI SOSU
2 yemek kaşığı elma şarabı

2 kaşık brendi

1 çay kaşığı Dijon tarzı hardal (bkz.<u>yemek tarifi</u>)

taze çekilmiş karabiber

1. İç harcı için zeytinyağını büyük bir tavada orta ateşte
   ısıtın. Elma, arpacık soğanı, kekik, ¼ çay kaşığı
   biber ve hindistan cevizini ekleyin; 2 ila 4 dakika
   veya elmalar ve arpacık soğanları yumuşak ve hafif
   kahverengileşene kadar ara sıra karıştırarak pişirin.
   Kayısı, ceviz ve 1 yemek kaşığı et suyunu ekleyin.
   Kayısıları yumuşatmak için kapağı açık olarak 1
   dakika pişirin. Isıdan çıkarın ve bir kenara koyun.

2. Fırını önceden 325° F'ye ısıtın. Kızartmanın ortasını
   keserek ve diğer tarafından ½ inç keserek domuz
   rostosu uzunlamasına kesin. Bifteği açın. Bıçağı V
   kesimine yatay olarak V'nin bir tarafına bakacak
   şekilde yerleştirin ve yandan ½ inç kesin. V'nin
   diğer tarafında da aynı işlemi tekrarlayın. Filetoyu
   yayın ve plastik ambalajla örtün. Ortadan kenarlara
   doğru çalışarak bifteği yaklaşık ¾ inç kalınlığa
   gelinceye kadar bir et tokmağıyla dövün. Plastik
   ambalajı çıkarın ve atın. Dolguyu bifteğin üzerine
   yayın. Kısa taraftan başlayarak filetoyu spiral
   şeklinde yuvarlayın. Kızartmayı bir arada tutmak
   için %100 pamuklu mutfak ipini birkaç yerden
   bağlayın. Biftekleri kalan 1/2 çay kaşığı biberle
   serpin.

3. Bifteği sığ bir tavadaki ızgaraya yerleştirin. Bifteğin
   ortasına (doldurmaya değil) bir fırın termometresi
   yerleştirin. 1 saat 15 dakika ile 1 saat 30 dakika
   arasında veya termometre 145° F'yi gösterene

kadar kapağı açık olarak kızartın. Kızartmayı
çıkarın ve alüminyum folyoyla gevşek bir şekilde
örtün; dilimlemeden önce 15 dakika dinlendirin.

4. Bu arada brendi sosu için kalan suyu ve elma
   şarabını tavadaki yağın içine dökün ve kızaran
   parçaları parçalayana kadar karıştırın. Yağı orta
   boy bir tencereye dökün. Kaynatın; yaklaşık 4
   dakika veya sos üçte bir oranında azalıncaya kadar
   pişirin. Brendi ve Dijon tarzı hardalı ekleyin. Tatmak
   için ilave biber ekleyin. Sosu kızarmış domuz eti ile
   birlikte servis edin.

KIZARMIS DOMUZ ETI PORCHETTA TARZI

EV ÖDEVI:15 dakika Marine etme: Gece boyunca dinlenme: 40 dakika Kızartma: 1 saat Verim: 6 porsiyon

GELENEKSEL İTALYAN PORCHETTA(AMERIKAN İNGILIZCESINDE BAZEN PIGETTA OLARAK YAZILIR) SARIMSAK, REZENE, DOLMALIK BIBER VE ADAÇAYI VEYA BIBERIYE GIBI OTLARLA DOLDURULMUS, DAHA SONRA SISLERE GEÇIRILIP ODUN ÜZERINDE IZGARADA PISIRILEN KEMIKSIZ DOMUZ ETIDIR. AYRICA GENELLIKLE ÇOK TUZLUDUR. BU PALEO VERSIYONU BASITLESTIRILMIS VE ÇOK LEZZETLIDIR. İSTERSENIZ ADAÇAYI TAZE BIBERIYE ILE DEGISTIRIN VEYA IKI BITKININ KARISIMINI KULLANIN.

1 2-3 kiloluk kemiksiz kızarmış domuz filetosu

2 yemek kaşığı rezene tohumu

1 çay kaşığı karabiber

½ çay kaşığı toz kırmızı biber

6 diş kıyılmış sarımsak

1 yemek kaşığı ince rendelenmiş portakal kabuğu

1 yemek kaşığı şeritler halinde kesilmiş taze adaçayı

3 yemek kaşığı zeytinyağı

½ bardak sek beyaz şarap

½ bardak tavuk kemik suyu (bkz.<u>yemek tarifi</u>) veya tuzsuz tavuk suyu

1. Domuz kızartmasını buzdolabından çıkarın; 30 dakika oda sıcaklığında bekletin. Bu arada, rezene tohumlarını küçük bir tavada orta ateşte, sık sık karıştırarak, yaklaşık 3 dakika veya koyulaşana ve

kokulu olana kadar kızartın; soğutulmuş Temiz bir kahve veya baharat öğütücüye aktarın. Tane karabiberi ve doğranmış kırmızı biberi ekleyin. Orta derecede ince bir kıvama gelinceye kadar karıştırın. (Toz haline getirmeyin.)

2. Fırını önceden 325° F'ye ısıtın. Küçük bir kapta öğütülmüş baharatları, sarımsağı, portakal kabuğu rendesini, adaçayı ve zeytinyağını birleştirerek bir macun oluşturun. Izgara domuz etini küçük bir tavaya koyun. Karışımı domuzun her yerine sürün. (İsterseniz, terbiyeli domuz etini 9 x 13 x 2 inçlik bir cam pişirme kabına yerleştirin. Üzerini streç filmle örtün ve marine etmek için gece boyunca buzdolabında bekletin. Pişirmeden önce eti bir fırın tepsisine aktarın ve oda sıcaklığında 30 dakika bekletin. yemek pişirmek...)

3. Domuz etini 1 ila 1,5 saat boyunca veya kızartma kayıtlarının ortasına anında okunan bir termometre yerleştirilinceye kadar (145° F) kızartın. Kızartmayı bir kesme tahtasına aktarın ve alüminyum folyo ile gevşek bir şekilde örtün. Dilimlemeden önce 10-15 dakika dinlendirin.

4. Bu arada tava suyunu bir cam ölçüm kabına dökün. Yağları üstten kesin; erteleyin Fırın tepsisini sobanın üzerine yerleştirin. Şarap ve tavuk kemik suyunu tavaya dökün. Orta-yüksek ateşte, kahverengi parçaları kazımak için karıştırarak kaynatın. Yaklaşık 4 dakika veya karışım biraz azalıncaya kadar pişirin. Ayrılmış tava sularını

ekleyin; basınç Domuz etini dilimleyin ve sosla birlikte servis yapın.

DOMATESLI KIZARMIS DOMUZ FILETOSU

EV ÖDEVI:40 dakika pişirme: 10 dakika kaynatma: 20 dakika pişirme: 40 dakika dinlenme: 10 dakika: 6-8 porsiyon

DOMATESLERIN YAPISKAN, TUZLU BIR KAPLAMASI VARDIRKAGIT DERISININ ALTINDA. KABUKLARINI ÇIKARDIKTAN SONRA AKAN SU ALTINDA HIZLICA DURULAYIN VE KULLANIMA HAZIR HALE GETIRIN.

1 pound domates, soyulmuş, çekirdeği çıkarılmış ve yıkanmış

4 serrano biberi toplanmış, soyulmuş ve ikiye bölünmüş (bkz.eğim)

2 jalapeno, sapları çıkarılmış, çekirdekleri çıkarılmış ve ikiye bölünmüş (bkz.eğim)

1 büyük sarı dolmalık biber saplı, çekirdekleri çıkarılmış ve ikiye bölünmüş

1 büyük turuncu dolmalık biber, kesilmiş, çekirdekleri çıkarılmış ve yarıya bölünmüş

2 yemek kaşığı zeytinyağı

1 2-2 ½ pound kemiksiz kızarmış domuz filetosu

1 büyük sarı soğan, soyulmuş, yarıya bölünmüş ve ince dilimlenmiş

4 diş sarımsak, kıyılmış

¾ bardak su

¼ bardak taze limon suyu

¼ bardak taze kişniş, doğranmış

1. Izgarayı yüksek ateşte ısıtın. Bir fırın tepsisini alüminyum folyo ile kaplayın. Hazırlanan fırın tepsisine domatesleri, serrano biberlerini, jalapeno

biberlerini ve dolmalık biberleri yerleştirin. Sebzeleri iyice kömürleşene kadar ateşten 4 inç uzakta ızgara yapın, domatesleri ara sıra çevirin ve kömürleştiğinde sebzeleri 10 ila 15 dakika çıkarın. Serranoları, jalapeñoları ve tomatilloları bir kaseye yerleştirin. Tatlı biberleri bir tabağa koyun. Sebzeleri soğuması için bir kenara koyun.

2. Yağı büyük bir tavada orta-yüksek ateşte yumuşayana kadar ısıtın. Domuz rostosu temiz kağıt havluyla kurulayın ve tavaya yerleştirin. Bifteği eşit şekilde çevirerek her tarafı iyice kızarana kadar pişirin. Bifteği bir tabağa aktarın. Isıyı orta seviyeye düşürün. Soğanı tavaya ekleyin; 5-6 dakika veya altın rengi kahverengi olana kadar pişirin ve karıştırın. Sarımsak ekleyin; 1 dakika daha pişirin. Tavayı ocaktan alın.

3. Fırını önceden 350° F'ye ısıtın. Domates sosu için domatesleri, serranoları ve jalapenoları bir mutfak robotu veya blenderde karıştırın. Örtün ve pürüzsüz hale gelinceye kadar karıştırın veya işleyin; tavadaki soğana ekleyin. Tavayı ısıt. Kaynatın; 4-5 dakika veya karışım koyulaşıp koyulaşana kadar pişirin. Su, limon suyu ve kişniş ekleyin.

4. Domates sosunu sığ bir kalıba veya 3 metrekareye yayın. dikdörtgen bir fırın tepsisinde. Kızarmış domuz etini sosa ekleyin. Alüminyum folyo ile iyice örtün. 40-45 dakika veya kızartmanın ortasına yerleştirilen anında okunan termometre 140°F okuyana kadar kızartın.

5. Tatlı biberleri şeritler halinde kesin. Tavaya domates sosunu ekleyin. Alüminyum folyo ile sorunsuz bir şekilde saklayın; 10 dakika dinlenmeye bırakın. Eti kesin; sosu karıştırın. Dilimlenmiş domuz etini bol miktarda domates sosuyla servis edin.

KAYISI ILE DOLDURULMUS DOMUZ FILETOSU

EV ÖDEVI:20 dakika pişirme: 45 dakika Dinlenme süresi: 5 dakika Verim: 2-3 porsiyon

2 adet taze orta boy kayısı, iri doğranmış

2 yemek kaşığı kükürtsüz kuru üzüm

2 yemek kaşığı kıyılmış ceviz

2 çay kaşığı rendelenmiş taze zencefil

¼ çay kaşığı öğütülmüş kakule

1 12 onsluk domuz filetosu

1 yemek kaşığı zeytinyağı

1 yemek kaşığı Dijon usulü hardal (bkz.<u>yemek tarifi</u>)

¼ çay kaşığı karabiber

1. Fırını önceden 375° F'a ısıtın. Fırın tepsisini alüminyum folyoyla kaplayın; ızgarayı fırın tepsisine yerleştirin.

2. Küçük bir kapta kayısı, kuru üzüm, ceviz, zencefil ve kakuleyi birleştirin.

3. Domuzun ortasından uzunlamasına bir kesim yapın ve diğer taraftan ½ inç kesin. açık kelebek Domuzu iki kat streç film arasına yerleştirin. Bir et tokmağının düz tarafını kullanarak eti ⅓ inç kalınlığa kadar hafifçe dövün. Düzgün bir dikdörtgen oluşturmak için kuyruğun ucunu katlayın. Eşit bir kalınlık elde etmek için eti hafifçe kıyın.

4. Domuz etini kayısı karışımıyla fırçalayın. Dar uçtan başlayarak domuz etini yuvarlayın. Önce

ortasından sonra 1 inç aralıklarla %100 pamuk iplikle bağlayın. Biftekleri ızgaraya yerleştirin.

5. Zeytinyağı ve Dijon usulü hardalı karıştırın; bifteği kaplayın. Bifteği biberle serpin. 45-55 dakika veya kızartma kayıtlarının ortasına 140° F'ye anında okunan bir termometre yerleştirilene kadar kızartın. Dilimlemeden önce 5-10 dakika dinlendirin.

ÇITIR SARIMSAK YAGI ILE OTLARLA KAPLI DOMUZ BONFILE

EV ÖDEVI:15 dakika pişirme: 30 dakika pişirme: 8 dakika dinlenme: 5 dakika Verim: 6 porsiyon

⅓ bardak Dijon tarzı hardal (bkz.yemek tarifi)
¼ bardak doğranmış taze maydanoz
2 yemek kaşığı taze kekik, şeritler halinde kesilmiş
1 yemek kaşığı taze biberiye, şeritler halinde kesilmiş
½ çay kaşığı karabiber
2 12 onsluk domuz filetosu
½ bardak zeytinyağı
¼ bardak kıyılmış taze sarımsak
¼ ila 1 çay kaşığı öğütülmüş kırmızı biber

1. Fırını önceden 450° F'a ısıtın. Fırın tepsisini alüminyum folyoyla kaplayın; ızgarayı fırın tepsisine yerleştirin.

2. Küçük bir kapta hardalı, maydanozu, kekiği, biberiyeyi ve karabiberi karıştırarak macun kıvamına getirin. Hardal ve bitki karışımını domuz etinin üstüne ve yanlarına yayın. Domuzu ızgaraya aktarın. Biftekleri fırına yerleştirin; en düşük sıcaklık 375°F. 30-35 dakika veya kızartma kayıtlarının ortasına 140° F'ye anında okunan bir termometre yerleştirilene kadar kızartın. Dilimlemeden önce 5-10 dakika dinlendirin.

3. Bu arada sarımsak yağı için zeytinyağını ve sarımsağı küçük bir tencerede birleştirin. Orta-

düşük ateşte 8-10 dakika veya sarımsak altın rengi kahverengi olana ve çatlamaya başlayana kadar pişirin (sarımsakların yanmasına izin vermeyin). Ateşten alın; doğranmış kırmızı biberi ekleyin. Domuzu kesin; Servis yapmadan önce sarımsak yağını dilimlerin üzerine dökün.

HINDISTAN CEVIZI SOSLU BAHARATLI HINT DOMUZ ETI

BITIRMEK IÇIN BASLA:20 dakikalık verim: 2 porsiyon

3 çay kaşığı köri tozu

2 çay kaşığı tuzsuz garam masala

1 çay kaşığı öğütülmüş kimyon

1 çay kaşığı öğütülmüş kişniş

1 12 onsluk domuz filetosu

1 yemek kaşığı zeytinyağı

½ bardak normal hindistan cevizi sütü (Nature's Way markası gibi)

¼ bardak taze kişniş, doğranmış

2 yemek kaşığı doğranmış taze nane

1. 2 çay kaşığı köri tozu, garam masala, kimyon ve kişnişi küçük bir kasede karıştırın. Domuzu ½ inç kalınlığında dilimler halinde dilimleyin; baharat serpin. .

2. Zeytinyağını büyük bir tavada orta ateşte ısıtın. Domuz eti dilimlerini tavaya ekleyin; Bir kez çevirerek 7 dakika pişirin. Domuzu tavadan çıkarın; sıcak tutmak için örtün. Sos için Hindistan cevizi sütünü ve kalan çay kaşığı köri tozunu tavaya ekleyin ve topakları kazımak için karıştırın. 2-3 dakika kaynatın. Kişniş ve naneyi ekleyin. Domuz eti ekleyin; Sıcak olana kadar pişirin, sosu domuz etinin üzerine dökün.

ELMA VE BAHARATLI KESTANE ILE DOMUZ ETI SNITZEL

2 12 onsluk domuz filetosu

1 yemek kaşığı soğan tozu

1 yemek kaşığı sarımsak tozu

½ çay kaşığı karabiber

2-4 yemek kaşığı zeytinyağı

2 Fuji veya Pink Lady elması, soyulmuş, çekirdeği çıkarılmış ve doğranmış

¼ bardak ince kıyılmış arpacık soğanı

¾ çay kaşığı öğütülmüş tarçın

⅛ çay kaşığı öğütülmüş karanfil

⅛ çay kaşığı öğütülmüş hindistan cevizi

½ bardak tavuk kemik suyu (bkz.<u>yemek tarifi</u>) veya tuzsuz tavuk suyu

2 yemek kaşığı taze limon suyu

½ bardak kavrulmuş kestane, soyulmuş, doğranmış* veya kıyılmış ceviz

1 yemek kaşığı şeritler halinde kesilmiş taze adaçayı

1. Filetoyu yarım inç kalınlığında dilimler halinde kesin. Domuz dilimlerini iki plastik tabaka arasına yerleştirin. Et tokmağının düz tarafını kullanarak pürüzsüz hale gelinceye kadar dövün. Dilimlerin üzerine soğan tozu, sarımsak tozu ve karabiber serpin.

2. 2 yemek kaşığı zeytinyağını büyük bir tavada orta ateşte ısıtın. Domuz etini gruplar halinde 3-4 dakika

pişirin, bir kez çevirin ve gerektiği kadar daha fazla yağ ekleyin. Domuzu bir tabağa aktarın; örtün ve sıcak tutun.

3. Isıyı orta-yüksek seviyeye yükseltin. Elmaları, arpacık soğanlarını, tarçını, karanfilleri ve hindistan cevizini ekleyin. 3 dakika pişirin ve karıştırın. Tavuk kemik suyunu ve limon suyunu dökün. Kapağını kapatıp 5 dakika pişirin. Ateşten alın; kestane ve adaçayı ekleyin. Elma karışımını domuz etinin üzerine servis edin.

*Not: Kestaneleri kızartmak için fırını önceden 400° F'ye ısıtın. Kestane kabuğunun bir tarafına X işareti koyun, böylece kabuk kavurma sırasında gevşeyecektir. Kestaneleri bir fırın tepsisine yerleştirin ve 30 dakika kadar veya kabuk fındıktan ayrılana ve fındıklar yumuşayana kadar kavurun. Pişen kestaneleri temiz bir mutfak havlusuna sarın. Cevizin sarımsı beyaz kabuklarını ve kabuğunu soyun.

KIZARMIS DOMUZ FAJITASI

1 kiloluk domuz bonfile, 2 inçlik şeritler halinde kesilmiş

3 yemek kaşığı tuzsuz fajita baharatı veya Meksika baharatı (bkz.yemek tarifi)

2 yemek kaşığı zeytinyağı

1 küçük soğan, ince doğranmış

½ kırmızı biber, çekirdeği çıkarılmış ve ince doğranmış

½ tatlı portakal biberi, çekirdekleri çıkarılmış ve ince doğranmış

1 jalapeño, sapları alınmış ve ince dilimlenmiş (bkz.eğim) (isteğe bağlı)

½ çay kaşığı kimyon tohumu

1 su bardağı ince dilimlenmiş taze mantar

3 yemek kaşığı taze limon suyu

½ bardak taze kişniş, şeritler halinde kesilmiş

1 avokado, çekirdeği çıkarılmış, soyulmuş ve doğranmış

İstenilen sos (bkz.yemek tarifleri)

1. Domuz etine 2 yemek kaşığı fajita baharatı serpin. 1 yemek kaşığı yağı çok büyük bir tavada orta ateşte ısıtın. Domuz etinin yarısını ekleyin; yaklaşık 5 dakika veya artık pembeleşmeyene kadar pişirin ve karıştırın. Eti bir kaseye aktarın ve sıcak tutmak için üzerini örtün. Kalan yağ ve domuz eti ile tekrarlayın.

2. Isıyı orta seviyeye getirin. Kalan 1 çorba kaşığı fajita baharatını, soğanı, dolmalık biberi, jalapeño'yu ve

kimyonu ekleyin. Yaklaşık 10 dakika veya sebzeler yumuşayana kadar pişirin ve karıştırın. Tüm eti ve biriken meyve sularını tavaya geri koyun. Mantarları ve limon suyunu ekleyin. Tamamen ısınana kadar pişirin. Tavayı ocaktan alın; kişniş ekleyin. Avokado ve arzu edilen salsa ile servis yapın.

LIMAN VE ERIK ILE DOMUZ FILETOSU

EV ÖDEVI:10 dakika kavurma: 12 dakika Dinlenme: 5
dakika Verim: 4 porsiyon

PORT CÖMERT BIR SARAPTIR,BU, FERMANTASYON
SÜRECINI DURDURMAK IÇIN BRENDI GIBI BIR RUHUN
EKLENDIGI ANLAMINA GELIR. BU, KIRMIZI SOFRA
SARABINA GÖRE DAHA FAZLA SEKER KALINTISI
IÇERDIGI ANLAMINA GELIR, DOLAYISIYLA TADI DAHA
TATLIDIR. HER GÜN IÇMEK ISTEYECEGINIZ BIR SEY
DEGIL AMA ARA SIRA BIRAZ IÇMEK IYI OLUR.

- 2 12 onsluk domuz filetosu
- 2 ½ çay kaşığı öğütülmüş kişniş
- ¼ çay kaşığı karabiber
- 2 yemek kaşığı zeytinyağı
- 1 arpacık soğanı, doğranmış
- ½ bardak porto şarabı
- ½ bardak tavuk kemik suyu (bkz.<u>yemek tarifi</u>) veya
  tuzsuz tavuk suyu
- 20 adet çekirdeği çıkarılmış erik (erik)
- ½ çay kaşığı toz kırmızı biber
- 2 çay kaşığı taze tarhun, şeritler halinde kesilmiş

1. Fırını önceden 400° F'ye ısıtın. Domuz eti üzerine 2
   çay kaşığı kişniş ve karabiber serpin.

2. Zeytinyağını fırına dayanıklı büyük bir tavada orta-
   yüksek ateşte ısıtın. Biftekleri tavaya koyun. Her
   tarafı altın rengi kahverengi olana kadar yaklaşık 8
   dakika pişirin. Tavayı fırına koyun. Kapağı açık

olarak yaklaşık 12 dakika veya bifteklerin ortasına anında okunan bir termometre yerleştirilip 140° F sıcaklığa ulaşana kadar ızgara yapın. Bifteği bir kesme tahtasına aktarın. Alüminyum folyo ile gevşek bir şekilde örtün ve 5 dakika bekletin.

3. Bu arada sos için tavadaki yağı boşaltın ve 1 çorba kaşığı ayırın. Arpacık soğanlarını ayrılmış yağda bir tavada orta ateşte yaklaşık 3 dakika veya altın rengi ve yumuşak oluncaya kadar kızartın. Bağlantı noktasını tavaya ekleyin. Kızarmış parçaların kazınmasını önlemek için karıştırarak kaynatın. Tavuk kemik suyu, kuru erik, öğütülmüş kırmızı biber ve kalan ½ çay kaşığı kişnişi ekleyin. Yaklaşık 1-2 dakika kadar hafifçe azaltmak için orta-yüksek ateşte pişirin. Tarhun ekleyin.

4. Domuzu dilimleyin ve kuru erik ve sosla servis yapın.

HIZLI TURSU SEBZE SALATASI ILE MOO SHU TARZI DOMUZ BARDAKLARI

BITIRMEK IÇIN BASLA:45 dakikalık verim: 4 porsiyon

GELENEKSEL BIR MOO SHU YEMEGI YEMIS OLSAYDINIZBIR ÇIN RESTORANINDA, BUNUN TATLI ERIK VEYA KURU ÜZÜM SOSUYLA INCE KREPLER ÜZERINDE SERVIS EDILEN ET VE SEBZELERDEN OLUSAN LEZZETLI BIR DOLGU OLDUGUNU BILIYORSUNUZ. BU DAHA HAFIF, DAHA TAZE PALEO VERSIYONUNDA ZENCEFIL VE SARIMSAKLA SOTELENMIS DOMUZ ETI, ÇIN LAHANASI VE SHIITAKE MANTARLARI YER ALIYOR VE BU MANTARLAR, ÇITIR SALAMURA SEBZELERLE MARUL SOSUYLA TÜKETILIYOR.

MARINE EDILMIS SEBZELER
- 1 su bardağı rendelenmiş havuç
- 1 bardak jülyen doğranmış daikon turpu
- ¼ bardak doğranmış kırmızı soğan
- 1 su bardağı şekersiz elma suyu
- ½ bardak elma sirkesi

DOMUZ ETI
- 2 yemek kaşığı zeytinyağı veya rafine edilmiş hindistancevizi yağı
- 3 yumurta, hafifçe çırpılmış
- 8 oz domuz bonfile, 2 x 1/2 inç şeritler halinde kesilmiş
- 2 çay kaşığı taze öğütülmüş zencefil

4 diş sarımsak, kıyılmış

2 su bardağı ince dilimlenmiş napa lahana

1 su bardağı ince dilimlenmiş shiitake mantarı

¼ bardak ince dilimlenmiş soğan

8 yaprak Boston marulu

1. Hızlı bir turşu için havuç, daikon ve soğanı geniş bir kapta birleştirin. Salamura için elma suyunu ve sirkeyi bir tencerede buharlaşana kadar ısıtın. Salamurayı bir kasedeki sebzelerin üzerine dökün; Servis yapmaya hazır olana kadar örtün ve soğutun.

2. 1 yemek kaşığı yağı büyük bir tavada orta-yüksek ateşte ısıtın. Yumurtaları mikserle hafifçe çırpın. Yumurtaları tavaya ekleyin; alt kısım kalana kadar yaklaşık 3 dakika karıştırmadan pişirin. Yumurtayı esnek bir spatula ile dikkatlice çevirin ve diğer tarafını pişirin. Yumurtayı tavadan alıp bir kaseye koyun.

3. Tavayı ısıtın; 1 yemek kaşığı kalan yağı ekleyin. Domuz eti şeritlerini, zencefili ve sarımsağı ekleyin. Yaklaşık 4 dakika veya domuz eti artık pembe olmayana kadar orta ateşte pişirin ve karıştırın. Lahanayı ve mantarları ekleyin; Yaklaşık 4 dakika kadar veya lahana soluncaya, mantarlar yumuşayana ve domuz eti tamamen pişene kadar pişirin ve karıştırın. Tavayı ocaktan alın. Haşlanmış yumurtayı şeritler halinde kesin. Yumurta şeritlerini ve soğanları dikkatlice domuz eti karışımına katlayın. Marul yaprakları üzerinde servis yapın ve üstüne salamura sebzeler ekleyin.

MACADAMIA FISTIGI, ADAÇAYI, INCIR VE TATLI PATATES PÜRESI ILE DOMUZ PIRZOLASI

EV ÖDEVI:15 dakika Pişirme süresi: 25 dakika Verim: 4 porsiyon

TATLI PATATES PÜRESI ILE BIRLESTIRILIR,BU SULU ADAÇAYI KÖFTELERI, HAFTA IÇI YOGUN BIR GECE IÇIN MÜKEMMEL, ÇABUK HAZIRLANAN MÜKEMMEL BIR SONBAHAR YEMEGIDIR.

- 4 dilim kemiksiz domuz filetosu, 1¼ inç kalınlığında kesilmiş
- 3 yemek kaşığı taze adaçayı, şeritler halinde kesilmiş
- ¼ çay kaşığı karabiber
- 3 yemek kaşığı macadamia fındık yağı
- 2 pound tatlı patates, soyulmuş ve 1 inçlik parçalar halinde kesilmiş
- ¾ bardak kıyılmış macadamia fıstığı
- ½ su bardağı doğranmış kuru incir
- ⅓ su bardağı dana kemik suyu (bkz.<u>yemek tarifi</u>) veya tuzsuz et suyu
- 1 yemek kaşığı taze limon suyu

1. Domuz eti parçalarının her iki tarafına 2 yemek kaşığı adaçayı ve karabiber serpin; parmaklarla ovmak 2 yemek kaşığı yağı büyük bir tavada orta ateşte ısıtın. Köfteleri tavaya koyun; Pişirmenin yarısında çevirerek 15 ila 20 dakika veya bitene kadar (145°F) pişirin. Köfteleri bir tabağa aktarın; sıcak tutmak için örtün.

2. Bu arada tatlı patatesleri ve üzerini kaplayacak kadar suyu büyük bir tencerede birleştirin. Kaynatın; ısıyı azaltmak Kapağını kapatıp 10-15 dakika veya patatesler yumuşayana kadar pişirin. Patatesleri boşaltın. Kalan yemek kaşığı macadamia yağını patateslere ekleyin ve krema kıvamına gelinceye kadar ezin; sıcak tutmak

3. Sos için tavaya macadamia fıstıklarını ekleyin; altın rengi olana kadar orta ateşte pişirin. Kuru incirleri ve kalan yemek kaşığı adaçayı ekleyin; 30 saniye pişirin. Sığır eti kemik suyunu ve limon suyunu tavaya ekleyin, kızaran parçaları parçalamak için karıştırın. Sosu domuz pirzolalarının üzerine dökün ve tatlı patates püresiyle servis yapın.

ÜZÜM VE KAVRULMUS CEVIZ ILE BIBERIYE LAVANTA KAVRULMUS DOMUZ PIRZOLASI

EV ÖDEVI:Pişirme 10 dakika: Izgara 6 dak ka: 25 dakika
Verim: 4 porsiyon

ÜZÜMLERI DOMUZ KABURGALARIYLA KIZARTINTADINI VE TATLILIGINI ARTIRIR. ÇITIR ÇITIR KIZARMIS CEVIZLER VE BIR TUTAM TAZE BIBERIYE ILE BIRLIKTE BU DOYURUCU KÖFTELERI MÜKEMMEL BIR SEKILDE TAMAMLIYORLAR.

2 yemek kaşığı şeritler halinde kesilmiş taze biberiye

1 yemek kaşığı doğranmış taze lavanta

½ çay kaşığı sarımsak tozu

½ çay kaşığı karabiber

4 dilim domuz filetosu, 1¼ inç kalınlığında kesilmiş (yaklaşık 3 pound)

1 yemek kaşığı zeytinyağı

1 büyük arpacık soğanı, ince dilimlenmiş

1½ su bardağı kırmızı ve/veya yeşil çekirdeksiz üzüm

½ bardak sek beyaz şarap

¾ su bardağı iri kıyılmış ceviz

Taze doğranmış biberiye

1. Fırını önceden 375°F'ye ısıtın. Küçük bir kapta 2 yemek kaşığı biberiye, lavanta, sarımsak tozu ve biberi birleştirin. Bitki karışımını domuz pirzolalarının üzerine eşit şekilde sürün. Ekstra büyük, fırına dayanıklı bir tavada, zeytinyağını orta ateşte ısıtın. Köfteleri tavaya koyun; 6-8 dakika

veya her iki tarafı da altın rengi kahverengi olana kadar pişirin. Köfteleri bir tabağa aktarın; alüminyum folyo ile kaplayın.

2. Arpacık soğanlarını tavaya ekleyin. Orta ateşte 1 dakika kadar karıştırarak pişirin. Üzümleri ve şarabı ekleyin. Kızarmış parçaları kazımak için karıştırarak yaklaşık 2 dakika daha pişirin. Domuz pirzolalarını tavaya geri koyun. Tavayı fırına koyun; 25-30 dakika veya yumuşayana kadar (145°F) pişirin.

3. Bu arada cevizleri sığ bir fırın tepsisine yayın. Köftelerle birlikte fırına verin. Yaklaşık 8 dakika veya altın rengi olana kadar ızgara yapın, eşit bir şekilde kızarması için bir kez çevirin.

4. Domuz pirzolalarını üzüm ve kızarmış cevizlerle birlikte servis edin. Ekstra taze biberiye serpin.

KAVRULMUS BROKOLI ILE FIORENTINA DOMUZ PIRZOLASI

EV ÖDEVI:20 dakika Izgara: 20 dakika Marine etme: 3 dakika Verim: 4 porsiyon<u>FOTOGRAF</u>

"ORADA FLORANSA"TEMEL OLARAK "FLORANSA TARZI" ANLAMINA GELIR. BU TARIF, GENELLIKLE SADECE ZEYTINYAGI, TUZ, KARABIBER VE BIR MIKTAR TAZE LIMONDAN OLUSAN EN BASIT TATLARA SAHIP, ODUN ATESINDE PISIRILEN TOSKANA KABURGA ETI BISTECCA ALLA FIORENTINA'YA DAYANMAKTADIR.

- 1 pound brokoli rabe
- 1 yemek kaşığı zeytinyağı
- 4 6 ila 8 onsluk kemikli domuz filetosu kesimi, 1,5 ila 2 inç kalınlığında kesilmiş
- iri öğütülmüş karabiber
- 1 limon
- 4 diş sarımsak, ince doğranmış
- 2 yemek kaşığı şeritler halinde kesilmiş taze biberiye
- 6 adet taze adaçayı yaprağı, doğranmış
- 1 çay kaşığı öğütülmüş kırmızı biber gevreği (veya tadı)
- ½ bardak zeytinyağı

1. Büyük bir tencerede brokoliyi kaynar suda 1 dakika haşlayın. Hemen bir kase buzlu suya aktarın. Soğuduktan sonra, brokoliyi kağıt havluyla kaplı bir fırın tepsisine boşaltın ve mümkün olduğunca kuruması için fazladan kağıt havlu kullanın. Kağıt

havluları fırın tepsisinden çıkarın. Brokoliyi 1 çorba kaşığı zeytinyağıyla gezdirin, kaplayın; ızgaraya hazır olana kadar bir kenara koyun.

2. Domuz pirzolalarının her iki tarafına da karabiber serpin; erteleyin Bir sebze soyucu kullanarak limonun kabuklarını çıkarın (limonu başka bir kullanım için ayırın). Geniş bir tabağa limon kabuğu rendesi, kıyılmış sarımsak, biberiye, adaçayı ve ezilmiş kırmızı biber şeritlerini yayın; erteleme

3. Kömürlü ızgara için, kömürlerin çoğunu ızgaranın bir tarafına taşıyın ve birkaç kömürü ızgaranın diğer tarafının altında bırakın. Köfteleri doğrudan kömürlerin üzerinde 2-3 dakika veya altın rengi kahverengi olana kadar kızartın. Köfteleri ters çevirip diğer tarafını da 2 dakika daha pişirin. Köfteleri ızgaranın diğer tarafına taşıyın. Kapağı kapatın ve 10-15 dakika veya pişene kadar (145°F) ızgara yapın. (Gazlı ızgara kullanıyorsanız, ızgarayı önceden ısıtın; ızgaranın bir tarafındaki ısıyı orta dereceye düşürün. Köfteleri yukarıdaki gibi yüksek ateşte pişirin. Izgaranın yan tarafına orta ateşte aktarın; yukarıdaki gibi devam edin).

4. Köfteleri bir tabağa aktarın. Köftelerin her iki tarafını kaplayacak şekilde yarım bardak zeytinyağı gezdirin. Servis yapmadan önce köfteleri bir veya iki kez çevirerek 3-5 dakika marine edin ve ete limon kabuğu rendesi, sarımsak ve şifalı otların aromasını katın.

5. Köfteler dinlenirken brokolileri hafifçe kızarıncaya ve iyice ısınana kadar ızgarada pişirin. Brokoliyi domuz pirzolasıyla birlikte tabağa yerleştirin; Servis yapmadan önce her kaburga ve brokolinin üzerine biraz marine sosu sürün.

HINDIBA ILE DOLDURULMUS DOMUZ KABURGA

EV ÖDEVI:Pişirme süresi: 20 dakika: 9 dakika Verim: 4 porsiyon

HINDIBA YESIL SALATA OLARAK YENEBILIR.VEYA HIZLI BIR YEMEK IÇIN ZEYTINYAGINDA SARIMSAKLA HAFIFÇE SOTELENIR. ZEYTINYAGI, SARIMSAK, KARABIBER, EZILMIS KIRMIZI BIBER VE LIMONLA BIRLESTIRILDIGINDE SULU, KIZARMIS DOMUZ PIRZOLASI IÇIN GÜZEL, PARLAK YESIL BIR DOLGU OLUSTURUR.

4 6 ila 8 ons kemikli domuz pirzolası, ¾ inç kalınlığında kesilmiş

½ orta boy hindiba, ince doğranmış

4 yemek kaşığı zeytinyağı

1 yemek kaşığı taze limon suyu

¼ çay kaşığı karabiber

¼ çay kaşığı öğütülmüş kırmızı biber

2 diş sarımsak, kıyılmış

Zeytin yağı

1 yemek kaşığı şeritler halinde kesilmiş taze adaçayı

¼ çay kaşığı karabiber

⅓ bardak sek beyaz şarap

1. Her bir domuz pirzolasının kavisli tarafında yaklaşık 2 inç genişliğinde derin bir cep açmak için bir soyma bıçağı kullanın; erteleme

2. Büyük bir kapta hindiba, 2 yemek kaşığı zeytinyağı, limon suyu, ¼ çay kaşığı karabiber, doğranmış

kırmızı biber ve sarımsağı birleştirin. Her keki karışımın dörtte biri ile doldurun. Köfteleri zeytinyağıyla yağlayın. Adaçayı ve ¼ çay kaşığı öğütülmüş karabiber serpin.

3. Ekstra büyük bir tavada kalan 2 yemek kaşığı zeytinyağını orta-yüksek ateşte ısıtın. Domuz etinin her iki tarafını da altın rengi olana kadar 4'er dakika pişirin. Köfteleri bir tabağa aktarın. Şarabı tavaya ekleyin, kızartılmış parçaları kazıyın. Tavadaki meyve suyu miktarını 1 dakika kadar azaltın.

4. Servis yapmadan önce köfteleri tava suyuyla fırçalayın.

ELMA SOSLU VE HARDALLI FÜME KABURGA

DALDIRMA:1 saat dinlenme: 15 dakika Sigara içme: 4 saat
Pişirme: 20 dakika Verim: 4 porsiyonFOTOĞRAF

ZENGIN LEZZET VE ETLI DOKU.FÜME KABURGALARIN
TAZE VE ÇITIR BIR ŞEYE IHTIYACI VARDIR. HEMEN
HEMEN HER SALATA IŞE YARAR, ANCAK REZENE
SALATASI (BKZ.YEMEK TARIFIVE
FOTOĞRAFBURADA), ÖZELLIKLE IYIDIR.

PIRZOLA

8-10 adet elma veya ceviz

3 ila 3 ½ pound domuz pirzolası

¼ fincan füme baharatlar (bkz.yemek tarifi)

HUZUR IÇINDE YATSIN

1 orta boy pişmiş elma, soyulmuş, çekirdeği çıkarılmış
ve ince dilimlenmiş

¼ bardak doğranmış soğan

¼ bardak su

¼ bardak elma sirkesi

2 yemek kaşığı Dijon usulü hardal (bkz.yemek tarifi)

2-3 yemek kaşığı su

1. Sigara içmeden en az 1 saat önce talaşları üzerini
   kaplayacak kadar suyla ıslatın. Kullanmadan önce
   kurulayın. Kaburgalardaki görünür yağları kesin.
   Gerekirse kaburgaların ucundaki ince zarı çıkarın.
   Kaburgaları geniş, sığ bir tavaya yerleştirin. Füme

baharatları eşit şekilde serpin; parmaklarla ovmak 15 dakika oda sıcaklığında bekletin.

2. Üreticinin talimatlarına göre sıcak kömürleri, süzülmüş talaşları ve bir kap suyu tütsüleyiciye yerleştirin. Tavaya su dökün. Kaburgaları, kemik tarafı aşağı gelecek şekilde, su dolu bir tencerenin üzerine ızgaraya yerleştirin. (Ya da kaburgaları bir kaburga rafının üzerine yerleştirin; kaburga rafını bir rafın üzerine yerleştirin.) Kapağı kapatın ve 2 saat boyunca tütsüleyin. Sigara içtiğiniz süre boyunca sigara içen kişiyi yaklaşık 225°F sıcaklıkta tutun. Gerekirse sıcaklığı ve nemi korumak için daha fazla kömür ve su ekleyin.

3. Bu arada paspas sosu için elma dilimlerini, soğanı ve ¼ bardak suyu küçük bir tencerede birleştirin. Kaynatın; ısıyı azaltmak Ara sıra karıştırarak, üstü kapalı olarak 10 ila 12 dakika veya elma dilimleri yumuşayana kadar pişirin. Hafifçe soğumaya bırakın; elmayı ve soğanı boşaltmadan bir mutfak robotuna veya karıştırıcıya aktarın. Örtün ve pürüzsüz olana kadar işleyin veya karıştırın. Püreyi tekrar tencereye alın. Sirke ve Dijon usulü hardalı ekleyin. Orta-düşük ateşte ara sıra karıştırarak 5 dakika pişirin. Sosu salata sosu kıvamına getirmek için 2-3 yemek kaşığı su (veya gerekirse daha fazla) ekleyin. Sosu üçe bölün.

4. 2 saat sonra kaburgaları paspas sosunun üçte biri ile bolca fırçalayın. Kapağını kapatıp 1 saat daha tütsüleyin. Paspas sosunun üçte birini tekrar

fırçalayın. Her bir kaburga parçasını ağır alüminyum folyoya sarın ve gerekirse üst üste istifleyerek sigara içicisine geri dönün. Kapağını kapatıp 1-1,5 saat daha veya kaburgalar yumuşayana kadar tütsüleyin. *

5. Kaburgaları açın ve paspas sosunun kalan üçte birini üzerlerine fırçalayın. Servis yapmak için kaburgaları kemiklerin arasından kesin.

*İpucu: Kaburgaların hassasiyetini test etmek için kaburgalardan birindeki folyoyu dikkatlice çıkarın. Kaburga plakasını maşayla tutun ve plakayı plakanın üst çeyreğinden tutun. Kaburga dilimini etli tarafı aşağı gelecek şekilde çevirin. Kaburgalar yumuşaksa plaka kaldırıldığında parçalanmaya başlamalıdır. Yumuşak değilse alüminyum folyoya yeniden sarın ve kaburgalar yumuşayana kadar tütsülemeye devam edin.

TAZE ANANAS SALATASI ILE IZGARA DOMUZ PIRZOLASI

EV ÖDEVI:Pişirme 20 dakika: Pişirme 8 dakika: 1 saat 15 dakika Verim: 4 porsiyon

COUNTRY USULÜ DOMUZ PIRZOLASI ETLI,YAVAŞ KAVURMA VE AĞIR BARBEKÜ SOSUNDA KAYNATMA GIBI UCUZ VE UYGUN ŞEKILDE IŞLENMIŞSE, ERIME NOKTASINA KADAR YUMUŞARLAR.

2 kilo kırsal tarz kemiksiz domuz pirzolası

¼ çay kaşığı karabiber

1 yemek kaşığı rafine hindistan cevizi yağı

½ su bardağı taze portakal suyu

1½ bardak barbekü sosu (bkz.yemek tarifi)

3 su bardağı kıyılmış yeşil ve/veya kırmızı lahana

1 su bardağı rendelenmiş havuç

2 su bardağı ince doğranmış ananas

⅓ bardak parlak narenciye sosu (bkz.yemek tarifi)

Barbekü sosu (bkz.yemek tarifi) (isteğe bağlı)

1. Fırını önceden 350°F'ye ısıtın. Domuz eti biberle tatlandırın. Çok büyük bir tavada hindistancevizi yağını orta-yüksek ateşte ısıtın. Domuz pirzolası ekleyin; 8-10 dakika veya eşit şekilde kızarana kadar pişirin. Kaburgaları 3 metrekarelik bir alana yerleştirin. dikdörtgen bir fırın tepsisinde.

2. Sos için portakal suyunu tavaya dökün, kahverengi parçacıkları kazımak için karıştırın. 1½ bardak

barbekü sosu ekleyin. Sosu kaburgaların üzerine dökün. Kaburgaları sosla kaplamak için ters çevirin (gerekirse kaburgaları sosla kaplamak için bir hamur fırçası kullanın). Fırın tepsisini alüminyum folyo ile sıkıca kapatın.

3. Kaburgaları 1 saat pişirin. Folyoyu çıkarın ve kaburgaları fırın tepsisindeki sosla fırçalayın. 15 dakika daha veya kaburgalar yumuşayıp altın rengi kahverengi olana ve sos hafifçe koyulaşana kadar pişirin.

4. Bu arada ananas salatası için lahana, havuç, ananas ve parlak narenciye sosunu bir araya getirin. Servis edilene kadar örtün ve buz dolabında saklayın.

5. Kaburgaları salatayla ve istenirse ilave barbekü sosuyla birlikte servis edin.

BAHARATLI DOMUZ ETI GÜVEÇ

EV ÖDEVI:20 dakika Pişirme süresi: 40 dakika Verim: 6 porsiyon

BU MACAR USULÜ GÜVECI SERVIS EDIYORUZÇITIR LAHANA YATAĞINDA VE TEK ÇEŞIT YEMEK IÇIN ZAR ZOR ÇERÇEVE. ELINIZDE VARSA KIMYON TOHUMLARINI HAVANDA ÖĞÜTÜN. DEĞILSE, BIÇAĞI YUMRUĞUNUZLA HAFIFÇE BASTIRARAK ŞEF BIÇAĞININ GENIŞ TARAFININ ALTINDA EZIN.

GULAŞ

- 1½ pound kıyma domuz eti
- 2 su bardağı doğranmış kırmızı, turuncu ve/veya sarı biber
- ¾ bardak ince doğranmış kırmızı soğan
- 1 küçük taze kırmızı biber, çekirdeği çıkarılmış ve ince doğranmış (bkz.<u>eğim</u>)
- 4 çay kaşığı füme baharat (bkz.<u>yemek tarifi</u>)
- 1 çay kaşığı kimyon, öğütülmüş
- ¼ çay kaşığı öğütülmüş mercanköşk veya kekik
- 1 14 oz. tuzsuz doğranmış domates, süzülmemiş
- 2 yemek kaşığı kırmızı şarap sirkesi
- 1 yemek kaşığı ince rendelenmiş limon kabuğu
- ⅓ su bardağı doğranmış taze maydanoz

COL

- 2 yemek kaşığı zeytinyağı
- 1 orta boy soğan, doğranmış
- 1 yeşil veya mor lahana, soyulmuş ve ince dilimlenmiş

1. Gulaş için, domuz kıymasını, tatlı biberleri ve soğanı büyük bir Hollanda fırınında orta ateşte 8 ila 10 dakika veya domuz eti artık pembe olmayıncaya ve sebzeler yumuşayana kadar pişirin. Tahta kaşık. eti kırmak için. Yağı boşaltın. Isıyı en aza indirin; kırmızı biber, füme baharatlar, kimyon ve mercanköşk ekleyin. Kapağını kapatıp 10 dakika pişirin. Süzülmemiş domatesleri ve sirkeyi ekleyin. Kaynatın; ısıyı azaltmak Kapağı kapalı olarak 20 dakika pişirin.

2. Bu arada lahana için yağı ekstra büyük bir tavada orta ateşte ısıtın. Soğanı ekleyin ve yumuşayana kadar yaklaşık 2 dakika pişirin. Lahanayı ekleyin; birleştirmek için karıştırın. Isıyı düşük seviyeye düşürün. ara sıra karıştırarak yaklaşık 8 dakika veya lahana yumuşayana kadar pişirin.

3. Servis etmek için lahana karışımını bir tabağa kaşıklayın. Üstüne gulaş ekleyin ve üzerine limon kabuğu rendesi ve maydanoz serpin.

DILIMLENMIŞ REZENE VE KIZARMIŞ SOĞAN ILE İTALYAN SOSISLI KÖFTE MARINARA

EV ÖDEVI:Pişirme 30 dakika: Pişirme 30 dakika: 40 dakika
Verim: 4-6 porsiyon

BU TARIF NADIR BIR ÖRNEKTIRTAZE VERSIYONDAN DAHA IYI OLMASA DA AYNI DERECEDE IŞE YARAYAN KONSERVE ÜRÜN. ÇOK ÇOK OLGUN DOMATESLERINIZ OLMADIĞI SÜRECE, TAZE DOMATESLERDEN KONSERVE DOMATESLERDEKI KADAR IYI BIR SOS KIVAMI ELDE EDEMEZSINIZ. TUZSUZ VE DAHA DA IYISI ORGANIK BIR ÜRÜN KULLANDIĞINIZDAN EMIN OLUN.

KÖFTELER
2 büyük yumurta
½ su bardağı badem unu
8 diş kıyılmış sarımsak
6 yemek kaşığı kuru beyaz şarap
1 yemek kaşığı kırmızı biber
2 çay kaşığı karabiber
1 çay kaşığı rezene tohumu, hafifçe ezilmiş
1 çay kaşığı kurutulmuş kekik, doğranmış
1 çay kaşığı kurutulmuş kekik, öğütülmüş
¼ ila ½ çay kaşığı acı biber
1½ pound kıyma domuz eti

MARINARA
2 yemek kaşığı zeytinyağı

2 adet 15 onsluk kutu tuzsuz ezilmiş domates veya 1 adet 28 onsluk kutu tuzsuz ezilmiş domates

½ su bardağı doğranmış taze fesleğen

3 orta boy rezene soğanı, ikiye bölünmüş, çekirdekleri çıkarılmış ve ince dilimlenmiş

1 büyük tatlı soğan, yarıya bölünmüş ve ince dilimlenmiş

1. Fırını önceden 375° F'ye ısıtın. Büyük bir fırın tepsisini parşömen kağıdıyla kaplayın; Büyük bir kapta yumurta, badem unu, 6 diş kıyılmış sarımsak, 3 yemek kaşığı şarap, kırmızı biber, 1,5 çay kaşığı karabiber, rezene tohumu, kekik, kekik ve kırmızı biberi birlikte çırpın. Domuz eti ekleyin; İyice karıştırın. Domuz eti karışımını 1,5 inçlik köfteler halinde oluşturun (yaklaşık 24 köfte yapmalıdır); Fırın için hazırlanan tepsiye tek kat halinde yerleştirin. Pişirme sırasında bir kez çevirerek yaklaşık 30 dakika veya altın rengi kahverengi olana kadar pişirin.

2. Bu arada marinara sosu için 1 çorba kaşığı zeytinyağını 4 ila 6 litrelik Hollanda fırınında ısıtın. Kalan 2 diş kıyılmış sarımsağı ekleyin; yaklaşık 1 dakika veya kahverengileşmeye başlayana kadar pişirin. Kalan 3 yemek kaşığı şarabı, doğranmış domatesleri ve fesleğenleri hızla dökün. Kaynatın; ısıyı azaltmak 5 dakika kadar ağzı açık olarak pişirin. Pişen köfteleri marinara sosuna dikkatlice dökün. Kapağını kapatıp 25-30 dakika pişirin.

3. Bu arada kalan 1 yemek kaşığı zeytinyağını büyük bir tavada orta ateşte ısıtın. Dilimlenmiş rezeneyi ve

soğanı ekleyin. Sık sık karıştırarak 8-10 dakika veya yumuşayana ve hafifçe kızarıncaya kadar pişirin. Kalan ½ çay kaşığı karabiber ile tatlandırın. Köfteleri ve marinara sosunu rezene ve soğanlı böreklerin üzerine servis edin.

FESLEGEN VE ÇAM FISTIGI ILE DOMUZ ETI ILE DOLDURULMUS KABAK TEKNELERI

EV ÖDEVI:Pişirme 20 dakika: Pişirme 22 dakika: 20 dakika
Verim: 4 porsiyon

ÇOCUKLAR BU LEZZETLI YEMEGE BAYILACAKDOMUZ ETI, DOMATES VE TATLI BIBERLE DOLDURULMUS IÇI BOS KABAK. İSTENIRSE 3 YEMEK KASIGI FESLEGEN PESTO EKLEYIN (BKZ.<u>YEMEK TARIFI</u>) TAZE FESLEGEN, MAYDANOZ VE ÇAM FISTIGI YERINE.

2 orta boy kabak

1 yemek kaşığı sızma zeytinyağı

12 ons kıyma domuz eti

¾ su bardağı doğranmış soğan

2 diş kıyılmış sarımsak

1 su bardağı doğranmış domates

⅔ bardak ince doğranmış sarı veya turuncu dolmalık biber

1 çay kaşığı rezene tohumu, hafifçe ezilmiş

½ çay kaşığı toz kırmızı biber gevreği

¼ bardak doğranmış taze fesleğen

Şeritler halinde kesilmiş 3 yemek kaşığı taze maydanoz

2 yemek kaşığı kavrulmuş çam fıstığı (bkz.<u>eğim</u>) ve kalın kesim

1 çay kaşığı ince rendelenmiş limon kabuğu

1. Fırını önceden 350° F'ye ısıtın. Kabağı uzunlamasına ikiye bölün ve ¼ inç kalınlığında bir kabuk bırakarak dikkatlice ortasını çıkarın. Kabak

etini büyük parçalar halinde kesin ve bir kenara koyun. Kabak yarımlarını, alüminyum folyo ile kaplı bir fırın tepsisine yüzü yukarı bakacak şekilde yerleştirin.

2. İçi doldurmak için zeytinyağını büyük bir tavada orta-yüksek ateşte ısıtın. Kıyılmış domuz eti ekleyin; Eti parçalamak için tahta kaşıkla karıştırarak pembeleşmeyene kadar pişirin. Yağı boşaltın. Isıyı orta seviyeye düşürün. Ayırılmış kabak etini, soğanı ve sarımsağı ekleyin; yaklaşık 8 dakika veya soğan yumuşayana kadar pişirin ve karıştırın. Domates, dolmalık biber, rezene tohumu ve doğranmış kırmızı biberi ekleyin. Yaklaşık 10 dakika veya domatesler yumuşayana ve parçalanmaya başlayana kadar pişirin. Tavayı ocaktan alın. Fesleğen, maydanoz, çam fıstığı ve limon kabuğu rendesini ekleyin. Doldurmayı kabak kabukları arasında bölün, küçük bir tümsek oluşturun. 20-25 dakika veya kabak kabuğu çıtır çıtır olana kadar pişirin.

HINDISTAN CEVIZI SÜTÜ VE OTLAR ILE ANANASLI KÖRILI DOMUZ SEHRIYE KASELERI

EV ÖDEVI:Pişirme 30 dakika: Pişirme 15 dakika: 40 dakika
Verim: 4 porsiyon<u>FOTOGRAF</u>

1 büyük spagetti kabak

2 yemek kaşığı rafine hindistan cevizi yağı

1 pound kıyma domuz eti

2 yemek kaşığı ince doğranmış frenk soğanı

2 yemek kaşığı taze limon suyu

1 yemek kaşığı taze çekilmiş zencefil

6 diş kıyılmış sarımsak

1 yemek kaşığı öğütülmüş limon

1 yemek kaşığı tuzsuz Tay kırmızı körisi

1 su bardağı doğranmış kırmızı biber

1 su bardağı doğranmış soğan

½ bardak jülyen doğranmış havuç

1 baby bok choy, dilimlenmiş (3 su bardağı)

1 su bardağı doğranmış taze mantar

1 veya 2 Tay kuş biberi, ince dilimlenmiş (bkz.<u>eğim</u>)

1 13,5 ons kutu doğal hindistan cevizi sütü (Nature's Way gibi)

½ bardak tavuk kemik suyu (bkz.<u>yemek tarifi</u>) veya tuzsuz tavuk suyu

¼ bardak taze ananas suyu

3 yemek kaşığı tuzsuz, yağsız kaju ezmesi

1 su bardağı taze doğranmış ananas

Limon dilimleri

Taze kişniş, nane ve/veya Tay fesleğen

Kıyılmış kavrulmuş kaju fıstığı

1. Fırını önceden 400°F'ye ısıtın. Mikrodalga spagetti
   kabakını 3 dakika boyunca yüksek sıcaklıkta pişirin.
   Kabağı uzunlamasına dikkatlice ikiye bölün ve
   çekirdeklerini çıkarın. Kabağın kesik taraflarına 1
   yemek kaşığı hindistancevizi yağı sürün. Kabak
   yarımlarını kesilmiş tarafı aşağı gelecek şekilde bir
   fırın tepsisine yerleştirin. 40-50 dakika veya
   kabakları bıçakla kolayca delebilecek duruma
   gelene kadar pişirin. Çatalın uçlarını kullanarak
   etleri kabuklardan sıyırın ve servise hazır olana
   kadar sıcak tutun.

2. Bu arada orta boy bir kapta domuz eti, soğan, limon
   suyu, zencefil, sarımsak, limon otu ve köri tozunu
   birleştirin; İyice karıştırın. Çok büyük bir tavada,
   kalan 1 yemek kaşığı hindistancevizi yağını orta
   ateşte ısıtın. Domuz eti karışımını ekleyin; Eti
   parçalamak için tahta kaşıkla karıştırarak
   pembeleşmeyene kadar pişirin. Biber, soğan ve
   havuç ekleyin; Yaklaşık 3 dakika veya sebzeler
   yumuşayana ve gevrekleşinceye kadar pişirin ve
   karıştırın. Çin lahanasını, mantarları, biberleri,
   hindistancevizi sütünü, tavuk kemiği suyunu,
   ananas suyunu ve kaju yağını ekleyin. Kaynatın;
   ısıyı azaltmak Ananas ekleyin; tamamen ısıtılana
   kadar kapağı açık pişirin.

3. Servis yapmak için spagettiyi dört kaseye bölün.
Kızarmış domuz etini kabak üzerinde servis edin.
Limon dilimleri, otlar ve kaju fıstığı ile servis yapın.

BAHARATLI IZGARA DOMUZ KÖFTESI, BAHARATLI SALATALIK SALATASI ILE

EV ÖDEVI:Izgarada 30 dakika: 10 dakika dinlenme: 10 dakika Verim: 4 porsiyon

ÇITIR SALATALIK SALATASITAZE NANE ILE TATLANDIRILMIS BU BAHARATLI DOMUZ BURGERLERININ TAZE VE CANLANDIRICI BIR TAMAMLAYICISIDIR.

⅓ su bardağı zeytinyağı

¼ bardak doğranmış taze nane

3 yemek kaşığı beyaz şarap sirkesi

8 diş kıyılmış sarımsak

¼ çay kaşığı karabiber

2 orta boy salatalık, çok ince dilimlenmiş

1 küçük soğan, ince dilimlenmiş (yaklaşık ½ bardak)

1¼ ila 1½ pound kıyma domuz eti

¼ bardak doğranmış taze kişniş

1-2 adet taze orta boy jalapeño veya serrano biberi, çekirdekleri çıkarılmış (istenirse) ve ince doğranmış (bkz.eğim)

2 orta boy kırmızı biber, soyulmuş ve dörde bölünmüş

2 çay kaşığı zeytinyağı

1. Geniş bir kapta ⅓ su bardağı zeytinyağı, nane, sirke, kıyılmış 2 diş sarımsak ve karabiberi çırpın. Dilimlenmiş salatalık ve soğanı ekleyin. İyice kaplanana kadar fırlatın. Servis yapmaya hazır

oluncaya kadar örtün ve soğutun, bir veya iki kez karıştırın.

2. Büyük bir kapta domuz eti, kişniş, kırmızı biber ve kalan 6 diş kıyılmış sarımsağı karıştırın. Dört adet ¾ inç kalınlığında köfte haline getirin. Biber çeyreklerini 2 çay kaşığı zeytinyağıyla hafifçe kaplayın.

3. Kömürlü veya gazlı ızgaralar için, patatesleri ve dolmalık biber dilimlerini doğrudan orta ateşte yerleştirin. Domuz köftelerinin yanlarına yerleştirilen anında okunan bir termometre 160°F'yi kaydedene, dolmalık biber çeyrekleri yumuşak ve hafifçe kömürleşene ve dolmalık biber çeyrekleri ve dolmalık biber çeyrekleri tamamen pişene kadar örtün ve ızgara yapın. Burgerler için 10-12 dakika, biber dilimleri için ise 8-10 dakika bekleyin.

4. Biber dilimleri hazır olduğunda, onları tamamen kapatmak için bir parça alüminyum folyoya sarın. Yaklaşık 10 dakika veya elle tutulabilecek kadar soğuyana kadar bekletin. Keskin bir bıçakla biberin kabuğunu dikkatlice çıkarın. Biberleri uzunlamasına ince ince dörde bölün.

5. Servis yapmak için salatalık salatasını karıştırın ve dört büyük tabağa eşit olarak bölün. Her tabağa bir domuz köftesi koyun. Kırmızı biber dilimlerini burgerlerin üzerine eşit şekilde yerleştirin.

GÜNEŞTE KURUTULMUŞ DOMATES PESTO, TATLI BIBER VE İTALYAN SOSISI ILE KABAK KABUKLU PIZZA

EV ÖDEVI:Pişirme 30 dakika: Pişirme 15 dakika: 30 dakika
Verim: 4 porsiyon

BU BIR BIÇAK VE ÇATAL PIZZASI.MÜKEMMEL BIR PIZZA DILIMI ELDE ETMEK IÇIN SOSLARIN YETERINCE YAPIŞMASINI SAĞLAMAK AMACIYLA SOSIS VE BIBERLERI PESTO KAPLI KABUĞUN IÇINE HAFIFÇE BASTIRDIĞINIZDAN EMIN OLUN.

2 yemek kaşığı zeytinyağı

1 yemek kaşığı ince öğütülmüş badem

1 büyük yumurta, hafifçe dövülmüş

½ su bardağı badem unu

1 yemek kaşığı şeritler halinde kesilmiş taze kekik

¼ çay kaşığı karabiber

3 diş kıyılmış sarımsak

3½ su bardağı rendelenmiş kabak (2 orta boy)

İtalyan sosisi (bkz.<u>yemek tarifi</u>, uyarınca)

1 yemek kaşığı sızma zeytinyağı

1 tatlı biber (sarı, kırmızı veya her birinin yarısı), çekirdeği çıkarılmış ve çok ince şeritler halinde kesilmiş

1 küçük soğan, ince doğranmış

Kurutulmuş domates pesto (bkz.<u>yemek tarifi</u>, uyarınca)

1. Fırını önceden 425° F'ye ısıtın. 12 inçlik pizza tavasını 2 yemek kaşığı zeytinyağıyla yağlayın. Öğütülmüş badem serpin; erteleme

2. Taban için geniş bir kapta yumurta, badem unu, kekik, karabiber ve sarımsağı karıştırın. Rendelenmiş kabakları temiz bir havlu veya tülbentin üzerine koyun. iyice sarın

LIMON VE KIŞNIŞ ILE FÜME KUZU BUDU, IZGARA KUŞKONMAZ ILE

DALDIRMA:30 dakika Hazırlama: 20 dakika Izgara: 45 dakika Dinlenme: 10 dakika Verim: 6-8 porsiyon

BU YEMEK BASIT AMA ZARIFİLKBAHARDA HAYAT BULAN IKI MALZEME: KUZU ETI VE KUŞKONMAZ. KIŞNIŞ TOHUMLARININ KAVRULMASI SICAK, DÜNYEVI VE HAFIF BAHARATLI BIR TAT ORTAYA ÇIKARIR.

1 su bardağı ceviz talaşı

2 yemek kaşığı kişniş tohumu

2 yemek kaşığı ince rendelenmiş limon kabuğu

1½ çay kaşığı karabiber

2 yemek kaşığı taze kekik, şeritler halinde kesilmiş

1 2-3 kiloluk kemiksiz kuzu budu

2 demet taze kuşkonmaz

1 yemek kaşığı zeytinyağı

¼ çay kaşığı karabiber

1 limon dörde bölünmüş

1. Bir kasede tütsülemeden en az 30 dakika önce ceviz pullarını üzerini kapatacak şekilde suda bekletin; Bu arada, kişniş tohumlarını küçük bir tavada orta ateşte yaklaşık 2 dakika veya sık sık karıştırarak kokusu çıkana ve çıtır çıtır olana kadar kızartın. Tohumları tavadan çıkarın; soğumasına izin verin. Tohumlar soğuduktan sonra havanda ve havanda ezin (ya da tohumları bir kesme tahtasının üzerine koyun ve tahta kaşığın arkasıyla ezin). Küçük bir

kapta doğranmış kişniş tohumlarını, limon kabuğu rendesini, 1 ½ çay kaşığı yenibaharı ve kekiği birleştirin; erteleme

2. Varsa, kuzu rostosundaki ağı çıkarın. Biftekün yağlı tarafını çalışma yüzeyinde aşağı doğru çevirin. Baharat karışımının yarısını etin üzerine serpin; parmaklarla ovmak Filetoyu yuvarlayın ve dört veya altı adet %100 pamuklu mutfak ipiyle bağlayın. Kalan baharat karışımını bifteğin dış kısmına serpin ve yapışması için hafifçe bastırın.

3. Kömürlü ızgara için, kömürü damlama kabının etrafına orta ateşte yerleştirin. Bir tavada orta ateşte deneyin. Süzülen talaşları kömürlerin üzerine serpin. Izgara kuzuyu bir damlama tepsisine yerleştirin. Kapağı kapatın ve orta ateşte (145°F) 40-50 dakika boyunca tütsüleyin. (Gazlı ızgara kullanıyorsanız, ızgarayı önceden ısıtın. Isıyı orta dereceye düşürün. Dolaylı ızgaraya yerleştirin. Yukarıdaki gibi dumanlayın, ancak üreticinin talimatlarına göre süzülmüş ağaç talaşlarını ekleyin.) Biftekleri alüminyum folyo ile kaplamayın. Dilimlemeden önce 10 dakika dinlendirin.

4. Bu arada kuşkonmazın odunsu uçlarını kesin. Kuşkonmazı zeytinyağı ve ¼ çay kaşığı biberle geniş bir kaseye atın. Kuşkonmazı ızgaranın dış kenarlarına, doğrudan kömürlerin üzerine ve ızgara ızgaralarına dik olacak şekilde yerleştirin. Kapağını kapatıp çıtır çıtır olana kadar 5-6 dakika ızgara

yapın. Limon dilimlerini kuşkonmazın üzerine
bastırın.

5. Kuzu filetosunun ipini çıkarın ve eti ince dilimler
halinde kesin. Eti ızgara kuşkonmazla birlikte servis
edin.

KUZU GÜVEÇ

EV ÖDEVI:30 dakika Pişirme süresi: 2 saat 40 dakika
Verim: 4 porsiyon

BU LEZZETLI GÜVEÇLE IÇINIZ ISINSINBIR SONBAHAR YA DA KIŞ GECESINDE. GÜVEÇ, DIJON TARZI HARDAL, KAJU KREMASI VE FRENK SOĞANI ILE SÜSLENMIŞ KADIFEMSI YABAN HAVUCU VE KEREVIZ KÖKÜ PÜRESI ÜZERINDE SERVIS EDILIR. NOT: KEREVIZ KÖKÜNE BAZEN KEREVIZ DENIR.

- 10 karabiber
- 6 adaçayı yaprağı
- 3 bütün biber
- 2 2 inçlik portakal kabuğu şeritleri
- 2 kilo kemiksiz kuzu omuz
- 3 yemek kaşığı zeytinyağı
- 2 orta boy soğan, iri doğranmış
- 1 14,5 ons tuzsuz domatesleri küp küp doğrayabilir, süzmemiş
- 1½ bardak sığır eti kemik suyu (bkz.<u>yemek tarifi</u>) veya tuzsuz et suyu
- ¾ bardak sek beyaz şarap
- 3 büyük diş sarımsak, doğranmış ve soyulmuş
- 2 pound kereviz kökü, soyulmuş ve 1 inçlik küpler halinde kesilmiş
- 6 orta boy yaban havucu, soyulmuş ve 1 inçlik dilimler halinde kesilmiş (yaklaşık 2 pound)
- 2 yemek kaşığı zeytinyağı
- 2 yemek kaşığı kaju kreması (bkz.<u>yemek tarifi</u>)

1 yemek kaşığı Dijon usulü hardal (bkz.yemek tarifi)

¼ bardak kıyılmış sarımsak

1. Buket için 7 inç karelik bir gazlı bez kesin. Tülbentin ortasına tane karabiberi, adaçayı, yenibaharı ve portakal kabuğunu yerleştirin. Gazlı bezin köşelerini kaldırın ve temiz, %100 pamuklu bir iple sıkıca bağlayın. Erteleme.

2. Kuzu omuzundaki yağı kesin; kuzuyu 1 inçlik parçalar halinde kesin. 3 yemek kaşığı zeytinyağını Hollandalı bir fırında orta ateşte ısıtın. Kuzu, gerekirse gruplar halinde sıcak yağda altın rengi olana kadar kızartın; Tavadan alıp sıcak tutun. Soğanları tavaya ekleyin; 5 ila 8 dakika veya yumuşayana ve hafifçe kızarana kadar pişirin. Buket garni, güneşte kurutulmuş domates, 1¼ su bardağı dana kemik suyu, şarap ve sarımsak ekleyin. Kaynatın; ısıyı azaltmak Ara sıra karıştırarak, kapağı kapalı olarak 2 saat pişirin. Buket garnisini çıkarın ve atın.

3. Bu arada kereviz kökünü ve yaban havucunu büyük bir tencerede ezin; suyla örtün Orta-yüksek ateşte kaynatın; ısıyı düşük seviyeye düşürün. Kapağını kapatıp 30-40 dakika veya sebzeler çatalla delindiğinde iyice yumuşayana kadar pişirin. drenaj; sebzeleri mutfak robotuna koyun. ¼ bardak kalan sığır eti kemik suyunu ve 2 yemek kaşığı yağı ekleyin; Püre neredeyse pürüzsüz ama yine de bir miktar dokuya sahip olana kadar bastırın, kenarları kazımak için bir veya iki kez durun. Püreyi bir

kaseye aktarın. Kaju kremasını, hardalı ve soğanı ekleyin.

4. Servis yaparken püreyi dört kaseye bölün; üstüne Kuzu Güveç ekleyin.

KEREVIZ KÖKÜ EZMESI ILE KUZU GÜVEÇ

EV ÖDEVI:30 dakikada pişirin: 1 saat 30 dakika Verim: 6 porsiyon

KEREVIZ KÖKÜ BAMBAŞKA BIR GÖRÜNÜME BÜRÜNÜR.KUZU GÜVECINDEN ZIYADE BU GÜVEÇTE (BKZ.YEMEK TARIFI). TATLI KÖK VE CEVIZDEN ÇOK INCE ŞERITLER OLUŞTURMAK IÇIN MANDOLIN DILIMLEYICI KULLANILIR. "MAKARNAYI" GÜVEÇTE YUMUŞAYANA KADAR PIŞIRIYORUZ.

2 çay kaşığı limon otu baharatı (bkz.yemek tarifi)

1½ pound kuzu yahnisi, 1 inç küpler halinde kesilmiş

2 yemek kaşığı zeytinyağı

2 su bardağı doğranmış soğan

1 su bardağı doğranmış havuç

1 su bardağı doğranmış şalgam

1 yemek kaşığı kıyılmış sarımsak (6 diş)

2 yemek kaşığı tuzsuz domates salçası

½ fincan sek kırmızı şarap

4 su bardağı dana kemik suyu (bkz.yemek tarifi) veya tuzsuz et suyu

1 defne yaprağı

2 bardak balkabağı, 1 inçlik küpler halinde kesilmiş

1 su bardağı doğranmış patlıcan

1 pound kereviz kökü, soyulmuş

doğranmış taze maydanoz

1. Fırını önceden 250° F'a ısıtın. Limon otu baharatını kuzunun üzerine eşit şekilde serpin. Kaplamak için

yavaşça atın. Orta-yüksek ateşte 6 ila 8 litrelik bir Hollanda fırınını ısıtın. Hollandalı fırına 1 yemek kaşığı zeytinyağı ve terbiyeli kuzu etinin yarısını ekleyin. Eti her taraftan kızgın yağda kızartın; Kızartılmış eti bir tabağa aktarın ve geri kalan kuzu eti ve zeytinyağıyla aynı işlemi tekrarlayın. Isıyı orta seviyeye düşürün.

2. Soğanı, havucu ve şalgamı tencereye ekleyin. Sebzeleri 4 dakika pişirin ve karıştırın; sarımsak ve domates salçasını ekleyip 1 dakika daha pişirin. Kırmızı şarabı, dana kemik suyunu, defne yaprağını, eti ve birikmiş meyve sularını ekleyin. Karışımı kaynatın. Hollandalı fırını örtün ve önceden ısıtılmış fırına yerleştirin. 1 saat pişirin. Kabağı ve patlıcanı ekleyin. Fırına dönün ve 30 dakika daha pişirin.

3. Güveç fırındayken kereviz kökünü mandolinle çok ince dilimleyin. Kereviz kökünü yarım inç genişliğinde şeritler halinde kesin. (Yaklaşık 4 bardak almalısınız.) Kereviz kökü şeritlerini güveçte karıştırın. Yaklaşık 10 dakika veya yumuşayana kadar pişirin. Servis yapmadan önce defne yaprağını çıkarın ve atın. Her porsiyona doğranmış maydanoz serpin.

BAHARATLI NAR VE HURMA SOSLU KUZU PIRZOLA

EV ÖDEVI:10 dakika pişirin: Soğutun 18 dakika: 10 dakika
Verim: 4 porsiyon

"FRANSIZ" TERIMI KABURGA ANLAMINA GELIRKESKIN
BIR MUTFAK BIÇAĞIYLA YAĞ, ET VE BAĞ
DOKUSUNUN ÇIKARILDIĞI. BU ÇEKICI BIR SUNUM.
KASABINIZDAN YAPMASINI ISTEYIN YA DA KENDINIZ
YAPABILIRSINIZ.

HINT TURŞUSU

½ su bardağı şekersiz nar suyu

1 yemek kaşığı taze limon suyu

1 arpacık soğanı, soyulmuş ve ince dilimlenmiş

1 çay kaşığı ince rendelenmiş portakal kabuğu

⅓ bardak doğranmış Medjool hurması

¼ çay kaşığı öğütülmüş kırmızı biber

¼ bardak nar taneleri*

1 yemek kaşığı zeytinyağı

1 yemek kaşığı doğranmış taze İtalyan maydanozu
   (düz yaprak).

KUZU PIRZOLA

2 yemek kaşığı zeytinyağı

8 adet Fransız kuzu pirzolası

1. Acı sos için nar suyu, limon suyu ve arpacık soğanı
küçük bir tencerede karıştırın. Kaynatın; ısıyı
azaltmak 2 dakika kadar ağzı açık olarak pişirin.
Portakal kabuğu rendesini, hurmaları ve toz kırmızı
biberi ekleyin. Soğuyana kadar yaklaşık 10 dakika

bekletin. Narları, 1 yemek kaşığı zeytinyağını ve maydanozu ekleyin. Servis yapana kadar oda sıcaklığında bekletin.

2. Köfteler için 2 yemek kaşığı zeytinyağını büyük bir tavada orta ateşte ısıtın. Gruplar halinde çalışarak köfteleri tavaya ekleyin ve orta ateşte (145°F) bir kez çevirerek 6 ila 8 dakika pişirin. Köfteleri acı sosla karıştırın.

*Not: Taze nar ve nar veya tohumlar ekim ayından şubat ayına kadar mevcuttur. Bunları bulamazsanız, Hint turşusunu daha çıtır hale getirmek için şekersiz kurutulmuş tohumlar kullanın.

KIZARMIŞ RADICCHIO ILE CHIMICHURRI KUZU FILETO PIRZOLA

EV ÖDEVI:30 dakika Marine etme: 20 dakika Pişirme: 20 dakika Verim: 4 porsiyon

ARJANTIN'DE CHIMICHURRI EN POPÜLER ÇEŞNIDIR.ÜNLÜ GAUCHO TARZI BARBEKÜ ILE BIRLIKTE. PEK ÇOK ÇEŞIDI VARDIR ANCAK KALIN BIR BITKI SOSU GENELLIKLE MAYDANOZ, KIŞNIŞ VEYA KEKIK, ARPACIK SOĞANI VE/VEYA SARIMSAK, EZILMIŞ KIRMIZI BIBER, ZEYTINYAĞI VE KIRMIZI ŞARAP SIRKESI ILE YAPILIR. IZGARA BIFTEKLE HARIKADIR AMA AYNI ZAMANDA KUZU ETI, TAVUK VE TAVADA KIZARTILMIŞ DOMUZ PIRZOLASIYLA DA HARIKADIR.

8 parça kuzu fileto, 1 inç kalınlığında kesilmiş

½ fincan chimichurri sosu (bkz.<u>yemek tarifi</u>)

2 yemek kaşığı zeytinyağı

1 tatlı soğan, yarıya bölünmüş ve dilimlenmiş

1 çay kaşığı öğütülmüş kimyon*

1 diş kıyılmış sarımsak

1 baş radicchio, soyulmuş ve ince şeritler halinde kesilmiş

1 yemek kaşığı balzamik sirke

1. Kuzu pirzolalarını ekstra geniş bir kaseye yerleştirin. 2 yemek kaşığı chimichurri sosunu gezdirin. Sosu her parçanın yüzeyine sürmek için parmaklarınızı

kullanın. Köfteleri oda sıcaklığında 20 dakika marine etmeye bırakın.

2. Bu arada kızarmış radikşi salatası için 1 yemek kaşığı zeytinyağını ekstra geniş bir tavada ısıtın. Soğanı, kimyon tohumlarını ve sarımsağı ekleyin; Sık sık karıştırarak 6 ila 7 dakika veya soğan yumuşayana kadar pişirin. Radikçioyu ekleyin; 1-2 dakika veya radicchio hafifçe soluncaya kadar pişirin. Salatayı geniş bir kaseye aktarın. Balzamik sirkeyi ekleyin ve birleştirmek için iyice karıştırın. Örtün ve sıcak tutun.

3. Tavayı temizleyin. Kalan 1 yemek kaşığı zeytinyağını tavaya ekleyin ve orta-yüksek ateşte ısıtın. Kuzu pirzolasını ekleyin; ısıyı orta seviyeye düşürün. Köfteleri ara sıra maşayla çevirerek 9-11 dakika veya tamamen pişene kadar pişirin.

4. Köfteleri kalan salata ve chimichurri sosla birlikte servis edin.

*Not: Kimyon tohumlarını ezmek için havan ve havan tokmağı kullanın veya tohumları bir kesme tahtası üzerine yerleştirin ve bir şef bıçağıyla ezin.

HAMSI VE ADAÇAYI ILE KAPLANMIS KUZU PIRZOLA, HAVUÇ VE TATLI PATATES REMOULADE

EV ÖDEVI:Soğutma 12 dakika: 1-2 saat Izgara: 6 dakika
Kadın: 4 porsiyon

ÜÇ ÇESIT KUZU PIRZOLASI VARDIR.KALIN, ETLI FILETO KABURGALARI KÜÇÜK KABURGALARA BENZER. BURADA ADI GEÇEN KABURGA, KUZUNUN KEMIKLERI ARASINDAN KESILEREK YAPILIR. ÇOK HASSASTIRLAR VE YANLARINDA ÇEKICI BIR UZUN KEMIK VARDIR. GENELLIKLE IZGARA VEYA IZGARADA SERVIS EDILIRLER. UCUZ OMUZ KABURGALARI DIGER IKI TÜRE GÖRE BIRAZ DAHA YAGLI VE DAHA AZ HASSASTIR. EN IYI SEKILDE KIZARTILIR VE DAHA SONRA SARAP, ET SUYU VE DOMATES VEYA BUNLARIN BIR KOMBINASYONU ILE HASLANIR.

3 orta boy havuç, iri rendelenmiş

2 küçük tatlı patates, rendelenmiş* veya iri rendelenmiş

½ bardak Paleo Mayo (bkz.<u>yemek tarifi</u>)

2 yemek kaşığı taze limon suyu

2 çay kaşığı Dijon usulü hardal (bkz.<u>yemek tarifi</u>)

2 yemek kaşığı kıyılmış taze maydanoz

½ çay kaşığı karabiber

8 kuzu pirzola, ½ ila ¾ inç kalınlığında kesilmiş

2 yemek kaşığı kıyılmış taze adaçayı veya 2 çay kaşığı kıyılmış kurutulmuş adaçayı

2 çay kaşığı öğütülmüş ancho chilies

½ çay kaşığı sarımsak tozu

1. Yeniden formül için havuçları ve tatlı patatesleri orta boy bir kapta birleştirin. Küçük bir kapta Paleo Mayo, limon suyu, Dijon usulü hardal, maydanoz ve karabiberi birleştirin. Havuçları ve tatlı patatesleri dökün; havlu atmak Kapağını kapatıp 1-2 saat soğutun.

2. Bu arada adaçayı, hamsi biberi ve sarımsak tozunu küçük bir kasede birleştirin. Baharat karışımını kuzu pirzolaların üzerine sürün.

3. Kömürlü veya gazlı ızgaralar için kuzu pirzolalarını orta ateşte doğrudan ızgaraya yerleştirin. Kapağını kapatıp 6-8 dakika (145°F) veya orta boyda (150°F) 10-12 dakika ızgara yapın, ızgara işleminin yarısında bir kez çevirin.

4. Kuzu pirzolalarını yeniden kalıpla servis edin.

*Not: Tatlı patatesleri dilimlemek için jülyen aparatlı bir mandolin kullanın.

BAHÇEDEN KIRMIZI BIBERLE DOLDURULMUS KUZU BURGER

EV ÖDEVI:20 dakika dinlenme: 15 dakika ızgarada: 27 dakika Verim: 4 porsiyon

COULIS BASIT, PÜRÜZSÜZ BIR SOSTAN BASKA BIR SEY DEGILDIR.MEYVE VEYA SEBZE PÜRESIYLE YAPILIR. GÜZEL, PARLAK KIRMIZI BIBER SOSU OLAN BU KUZU BURGERLER, IZGARADAN VE BIR TUTAM FÜME KIRMIZI BIBERDEN ÇIFT DOZ DUMAN ALIYOR.

KIRMIZI BIBER PÜRESI
- 1 büyük kırmızı biber
- 1 yemek kaşığı kuru beyaz şarap sirkesi veya beyaz şarap
- 1 çay kaşığı zeytinyağı
- ½ çay kaşığı füme kırmızı biber

HAMBURGER
- ¼ bardak güneşte kurutulmuş domates, şeritler halinde kesilmiş
- ¼ bardak rendelenmiş kabak
- 1 yemek kaşığı doğranmış taze fesleğen
- 2 çay kaşığı zeytinyağı
- ½ çay kaşığı karabiber
- 1½ pound öğütülmüş kuzu
- 1 yumurta beyazı, hafifçe çırpılmış
- 1 yemek kaşığı Akdeniz baharatı (bkz.<u>yemek tarifi</u>)

1. Kırmızı biber sosu için kırmızı biberi doğrudan orta ateşte kızartın. Kapağı kapatın ve 15 ila 20 dakika veya kömürleşene ve yumuşayana kadar ızgara yapın, biberleri her 5 dakikada bir her iki tarafı da kömürleşene kadar çevirin. Izgaradan çıkarın ve biberleri tamamen kaplayacak şekilde hemen bir kağıt torbaya veya alüminyum folyoya koyun. 15 dakika veya işlenecek kadar soğuyana kadar bekletin. Keskin bir bıçakla cildi dikkatlice çıkarın ve atın. Biberleri uzunlamasına dörde bölün ve sapını, tohumlarını ve kabuğunu çıkarın. Bir mutfak robotunda közlenmiş biberleri, şarabı, zeytinyağını ve füme kırmızı biberi birleştirin. Örtün ve pürüzsüz olana kadar işleyin veya karıştırın.

2. Bu arada iç harcı için güneşte kurutulmuş domatesleri küçük bir kaseye koyun ve üzerini kaynar suyla doldurun. 5 dakika bekletin; süzün Domatesleri ve rendelenmiş kabakları emici kağıtla kurutun. Küçük bir kapta domates, kabak, fesleğen, zeytinyağı ve ¼ çay kaşığı karabiberi birleştirin; erteleme

3. Büyük bir kapta kuzu eti, yumurta akı, kalan ¼ çay kaşığı karabiber ve Akdeniz baharatlarını birleştirin; İyice karıştırın. Et karışımını sekiz eşit parçaya bölün ve her birine yarım santim kalınlığında köfte şekli verin. Doldurmayı dört çöreğe dökün; Kalan çörekleri, dolguyu kapatmak için kenarlarını sıkıştırarak üstüne yerleştirin.

4. Patatesleri doğrudan orta ateşte ızgaraya yerleştirin.
Kapağı kapatın ve 12-14 dakika veya pişene kadar
(160°F) ızgara yapın, ızgara işleminin yarısında bir
kez çevirin.

5. Servis yaparken hamburgerlerin üzerine kırmızı biber
serpin.

DUBLE KEKIK VE TZATZIKI SOSLU KUZU SIS

DALDIRMA:30 dakika Hazırlama: 20 dakika Soğutma: 30 dakika Izgara: 8 dakika Verim: 4 porsiyon

BU KUZU SISLERI TEMEL OLARAKAKDENIZ'DE VE ORTA DOGU'DA KÖFTE DENIR: BAHARATLI KIYMA (GENELLIKLE KUZU VEYA DANA ETI) TOPLAR HALINDE VEYA SIS ETRAFINDA YUVARLANIR VE IZGARADA PISIRILIR. TAZE VE KURUTULMUS KEKIK ONLARA HARIKA BIR YUNAN TADI VERIR.

8 adet 10 inçlik tahta şiş

KUZU PIRZOLA

1½ pound yağsız kıyma kuzu

1 küçük soğan, rendelenmiş ve süzülmüş

1 yemek kaşığı şeritler halinde kesilmiş taze kekik

2 çay kaşığı kurutulmuş kekik, doğranmış

1 çay kaşığı karabiber

CACIK SOSU

1 bardak Paleo Mayo (bkz.<u>yemek tarifi</u>)

½ büyük salatalık, soyulmuş, doğranmış ve kurutulmuş

2 yemek kaşığı taze limon suyu

1 diş kıyılmış sarımsak

1. Şişleri üstlerini kapatacak şekilde 30 dakika suda bekletin.

2. Kuzu şiş için, kıymayı, soğanı, taze ve kurutulmuş kekik ve biberi geniş bir kapta birleştirin; İyice karıştırın. Kuzu karışımını sekiz eşit parçaya bölün.

Her bir parçayı şişin yaklaşık yarısına şekillendirerek 5 x 1 inçlik bir kütük oluşturun. En az 30 dakika boyunca örtün ve soğutun.

3. Bu arada Tzatziki sosu için Paleo Mayo, salatalık, limon suyu ve sarımsağı küçük bir kasede birleştirin. Servis edilene kadar örtün ve buz dolabında saklayın.

4. Kömürlü veya gazlı ızgaralar için kuzu şişlerini orta ateşte doğrudan ızgaraya yerleştirin. Kapağını kapatın ve orta ateşte (160°F) yaklaşık 8 dakika pişirin, ızgara işleminin yarısına gelindiğinde bir kez çevirin.

5. Kuzu şişlerini Tzatziki sosla servis edin.

SAFRAN VE LIMONLU IZGARA TAVUK

EV ÖDEVI:15 dakika soğutma: 8 saat kavurma: 1 saat 15 dakika dinlenme: 10 dakika Verim: 4 porsiyon

SAFRAN KURUTULMUŞ STAMENLERDIRBIR TÜR ÇIĞDEM ÇIÇEĞI. PAHALIDIR, ANCAK BIRAZ UZUN BIR YOL KAT EDER. BU ÇITIR DERILI KIZARMIŞ TAVUĞA BELIRGIN BIR DÜNYEVI TAT VE HOŞ BIR SARI RENK TONU VERIR.

1 bütün tavuk, 4 ila 5 pound

3 yemek kaşığı zeytinyağı

6 diş sarımsak, doğranmış ve soyulmuş

1½ yemek kaşığı ince rendelenmiş limon kabuğu

1 yemek kaşığı taze kekik

1½ çay kaşığı öğütülmüş karabiber

½ çay kaşığı safran ipi

2 adet defne yaprağı

1 limon dörde bölünmüş

1. Tavuğun boynunu ve bağırsaklarını çıkarın; atın veya başka bir kullanım için saklayın. Tavuğun vücut boşluğunu durulayın; kağıt havluyla kurulayın. Tavuktaki fazla deriyi veya yağı kesin.

2. Zeytinyağı, sarımsak, limon kabuğu rendesi, kekik, biber ve safranı mutfak robotunda birleştirin. Pürüzsüz bir macun oluşturmak için işlem yapın.

3. Macunu tavuğun dış yüzeyine ve iç boşluğuna sürmek için parmaklarınızı kullanın. Tavuğu büyük

kaseye aktarın; örtün ve en az 8 saat veya gece boyunca buzdolabında saklayın.

4. Fırını önceden 425° F'ye ısıtın. Limon dilimlerini ve defne yapraklarını tavuğun boşluğuna yerleştirin. Bacakları %100 pamuklu mutfak ipiyle birbirine bağlayın. Kanatları tavuğun altına sıkıştırın. Kemiğe dokunmadan uyluk kasına bir et termometresi yerleştirin. Izgara tavuğu geniş bir fırın tepsisine yerleştirin.

5. 15 dakika ızgara yapın. Fırın sıcaklığını 375°F'ye düşürün. Yaklaşık 1 saat daha veya meyve suları berraklaşana ve termometre 175° F'yi gösterene kadar pişirin. Tavuğu folyo üzerine yerleştirin. Dilimlemeden önce 10 dakika dinlendirin.

JICAMA SALATASI ILE PARÇALAYICI TAVUK

EV ÖDEVI:40 dakika Izgara: 1 saat 5 dakika Dinlenme: 10 dakika Verim: 4 porsiyon

SPATCHCOCK ESKI BIR YEMEK PIŞIRME TERIMIDIRBU, YAKIN ZAMANDA TAVUK VEYA CORNISH TAVUĞU GIBI KÜÇÜK BIR KUŞUN BELININ IKIYE BÖLÜNMESINI VE DAHA SONRA DAHA HIZLI VE EŞIT ŞEKILDE PIŞIRMEK IÇIN BIR KITAP GIBI AÇILIP DÜZLEŞTIRILMESINI TANIMLAMAK IÇIN YENIDEN KULLANILDI. KELEBEKLERIN UÇUŞUNA BENZER, ANCAK YALNIZCA EVCIL KUŞLARDIR.

TAVUK

1 poblano şili

1 yemek kaşığı ince kıyılmış arpacık soğanı

3 diş kıyılmış sarımsak

1 çay kaşığı ince rendelenmiş limon kabuğu

1 çay kaşığı ince rendelenmiş limon kabuğu

1 çay kaşığı füme baharat (bkz.<u>yemek tarifi</u>)

½ çay kaşığı kurutulmuş kekik, doğranmış

½ çay kaşığı öğütülmüş kimyon

1 yemek kaşığı zeytinyağı

1 bütün tavuk, 3 ila 3 ½ pound

LAHANA SALATASI

½ orta boy jicama, soyulmuş ve çekirdeği çıkarılmış (yaklaşık 3 bardak)

½ su bardağı ince dilimlenmiş soğan (4)

1 Granny Smith elması, soyulmuş, çekirdeği çıkarılmış
ve çekirdeği çıkarılmış
⅓ bardak doğranmış taze kişniş
3 yemek kaşığı taze portakal suyu
3 yemek kaşığı zeytinyağı
1 çay kaşığı limon otu baharatı (bkz.<u>yemek tarifi</u>)

1. Kömürlü ızgara için ızgaranın bir tarafına orta
   derecede sıcak kömürleri yerleştirin. Izgaranın içi
   boş tarafının altına bir damlama tepsisi yerleştirin.
   Poblano'yu doğrudan orta derecede sıcak
   kömürlerin üzerinde ızgara yapın. Kapağı kapatın
   ve 15 dakika boyunca veya poblanoların her tarafı
   kömürleşene kadar ara sıra çevirerek ızgara yapın.
   Poblano'yu hemen alüminyum folyoyla sarın; 10
   dakika dinlenmeye bırakın. Alüminyum folyoyu açın
   ve poblano'yu uzunlamasına ikiye bölün; sapları ve
   tohumları çıkarın (bkz.<u>eğim</u>). Keskin bir bıçak
   kullanarak cildi yavaşça çıkarın ve atın. Poblano'yu
   ince ince doğrayın. (Gazlı ızgara kullanıyorsanız,
   ızgarayı önceden ısıtın; ısıyı orta seviyeye düşürün.
   Dolaylı ızgaraya ayarlayın. Yukarıdaki gibi yanan
   ocak üzerinde ızgara yapın.)

2. Sos için poblano, arpacık soğanı, sarımsak, limon
   kabuğu rendesi, limon kabuğu rendesi, füme
   baharat, kekik ve kimyonu küçük bir kasede
   birleştirin. Yağı ekleyin; bir macun oluşturmak için
   iyice karıştırın.

3. Tavuğu kaplamak için boynu ve sakatatları çıkarın
   (başka bir kullanım için saklayın). Tavuk göğsü
   tarafı aşağı bakacak şekilde bir kesme tahtası

üzerine yerleştirin. Mutfak makası kullanarak, enseden başlayarak omurganın bir tarafında uzunlamasına bir kesim yapın. Boyuna kesimi omurganın karşı tarafında tekrarlayın. Omurgayı çıkarın ve atın. Tavuk derisini yukarı bakacak şekilde yerleştirin. Tavuğun düz durmasını sağlamak için göğüs kemiğini parçalamak için göğüslerin arasına bastırın.

4. Göğsün bir tarafındaki boyundan başlayarak parmaklarınızı kullanarak deri ile et arasına doğru itin ve uyluğa doğru ilerledikçe deriyi gevşetin. Uyluk çevresindeki cildi gevşetin. Diğer tarafta tekrarlayın. Eti tavuğun derisinin altına sürmek için parmaklarınızı kullanın.

5. Tavuk göğsünü alta gelecek şekilde damlama tepsisindeki ızgaraya yerleştirin. Alüminyum folyoya veya büyük bir dökme demir tavaya sarılı iki tuğlayı tartın. Kapağını kapatıp 30 dakika ızgara yapın. Tavuk kemiğini ızgarada aşağı doğru çevirin ve tuğla veya tavayla yeniden ağırlıklandırın. Yaklaşık 30 dakika daha veya tavuk artık pembe olmayana kadar (bacak 175°F) üstü kapalı olarak ızgara yapın. Tavuğu ızgaradan çıkarın; 10 dakika dinlenmeye bırakın. (Gazlı ızgara kullanıyorsanız tavuğu ateşten uzakta ızgaraya yerleştirin. Yukarıdaki gibi pişirin.)

6. Bu arada salata için jicama, yeşil soğan, elma ve kişnişi geniş bir kapta birleştirin. Küçük bir kapta portakal suyunu, yağı ve limon otu baharatını

birleştirin. Jicama karışımını üzerine dökün ve kaplayın. Tavukları salatayla birlikte servis yapın.

VOTKA, HAVUÇ VE DOMATES SOSLU IZGARA TAVUK SIRTI

EV ÖDEVI:Pişirme 15 dakika: kavurma 15 dakika: 30 dakika Verim: 4 porsiyon

VOTKA ÇEŞITLI MALZEMELERDEN YAPILABILIRPATATES, MISIR, ÇAVDAR, BUĞDAY VE ARPA, HATTA ÜZÜM GIBI ÇEŞITLI YIYECEKLER. DÖRT PORSIYONA BÖLDÜĞÜNÜZDE BU SOSUN VOTKASI YÜKSEK OLMASA DA PALEO DOSTU OLMASI IÇIN PATATES VEYA ÜZÜMLE YAPILAN VOTKAYI TERCIH EDIN.

3 yemek kaşığı zeytinyağı

4 adet kemikli tavuk but veya etli tavuk parçaları, derisiz

1 28 onsluk tuzsuz erik domates, süzülmüş

½ su bardağı ince doğranmış soğan

½ su bardağı ince doğranmış havuç

3 diş kıyılmış sarımsak

1 çay kaşığı Akdeniz baharatı (bkz.<u>yemek tarifi</u>)

⅛ çay kaşığı acı biber

1 dal taze biberiye

2 kaşık votka

1 yemek kaşığı doğranmış taze fesleğen (isteğe bağlı)

1. Fırını önceden 375° F'ye ısıtın. 2 yemek kaşığı yağı çok büyük bir tavada orta-yüksek ateşte ısıtın. Tavuğu ekleyin; yaklaşık 12 dakika veya eşit şekilde kızarıncaya kadar pişirin. Tavayı önceden

ısıtılmış fırına yerleştirin. 20 dakika kadar ağzı açık ızgarada pişirin.

2. Bu arada sos için domatesleri mutfak makasıyla kesin. Kalan yemek kaşığı yağı orta boy bir tencerede orta ateşte ısıtın. Soğan, havuç ve sarımsağı ekleyin; sık sık karıştırarak 3 dakika veya yumuşayana kadar pişirin. Doğranmış domatesleri, Akdeniz baharatlarını, kırmızı biberi ve bir tutam biberiyeyi ekleyin. Orta-yüksek ateşte kaynatın; ısıyı azaltmak Ara sıra karıştırarak, 10 dakika boyunca kapağın altında pişirin. Votka ekleyin; 1 dakika daha pişirin; biberiye dalını çıkarın ve atın.

3. Sosu tavadaki tavuğun üzerine servis edin. Tavayı tekrar fırına verin. Yaklaşık 10 dakika daha veya tavuk yumuşayana ve artık pembe olmayana (175°F) kadar, üstü kapalı olarak ızgara yapın. İstenirse fesleğen serpin.

POULET RÔTI VE RUTABAGA KIZARTMASI

ÇITIR KRAKER KIZARTMASI ÇOK LEZZETLIIZGARA
TAVUK VE BERABERINDEKI MEYVE SULARI ILE
SERVIS EDILIR, AYNI ZAMANDA PALEO DOMATES
SOSUYLA DA LEZZETLIDIR (BKZ.<u>YEMEK TARIFI</u>) VEYA
BELÇIKA USULÜ PALEO AIOLI (SARIMSAK MAYONEZI,
BKZ.) ILE SERVIS EDILIR.<u>YEMEK TARIFI</u>).

- 6 yemek kaşığı zeytinyağı
- 1 yemek kaşığı Akdeniz baharatı (bkz.<u>yemek tarifi</u>)
- 4 kemiksiz derisiz tavuk budu (toplamda yaklaşık 1 ¼ pound)
- 4 derisiz tavuk budu (toplamda yaklaşık 1 pound)
- 1 bardak kuru beyaz şarap
- 1 su bardağı tavuk kemik suyu (bkz.<u>yemek tarifi</u>) veya tuzsuz tavuk suyu
- 1 küçük soğan, dörde bölünmüş
- Zeytin yağı
- 1½ ila 2 pound rue
- Şeritler halinde kesilmiş 2 yemek kaşığı taze sarımsak
- Karabiber

1. Fırını önceden 400° F'a ısıtın. Küçük bir kapta 1 yemek kaşığı zeytinyağını ve Akdeniz baharatını birleştirin; tavuk parçalarını ovalayın. Ekstra büyük, fırına dayanıklı bir tavada 2 yemek kaşığı yağı ısıtın. Tavuk parçalarını et tarafı aşağı bakacak şekilde yerleştirin. Açıkta yaklaşık 5 dakika veya

altın rengi olana kadar pişirin. Tavayı ocaktan alın.
Tavuk parçalarını ısıtılmış tarafı yukarı bakacak
şekilde çevirin. Şarap, tavuk kemik suyu ve soğanı
ekleyin.

2. Güveci orta raftaki fırına koyun. 10 dakika kadar ağzı
   açık pişirin.

3. Bu arada, patates kızartması için geniş bir fırın
   tepsisini hafifçe zeytinyağıyla kaplayın; erteleyin
   Rutabagaları soyun. Keskin bir bıçak kullanarak
   rutabagaları yarım inçlik dilimler halinde kesin.
   Dilimleri uzunlamasına ½ inç şeritler halinde kesin.
   Büyük bir kapta sedef şeritlerini kalan 3 yemek
   kaşığı yağla karıştırın. Hazırlanan fırın tepsisine
   rutabaga şeritlerini tek bir tabaka halinde yayın;
   fırının üst rafına yerleştirin. 15 dakika pişirin;
   patates kızartmasını çevirin. Tavuğu 10 dakika
   daha veya artık pembeleşmeyene (175°F) kadar
   pişirin. Tavuğu fırından çıkarın. Cipsleri 5 ila 10
   dakika veya altın kahverengi ve yumuşak oluncaya
   kadar pişirin.

4. Suyunu bırakarak tavuğu ve soğanı tavadan çıkarın.
   Sıcak tutmak için tavuğu ve soğanı örtün. Suyu orta
   ateşte kaynatın; ısıyı azaltmak Yaklaşık 5 dakika
   daha veya meyve suları biraz azalıncaya kadar
   kapağı açık olarak pişirin.

5. Servis yaparken patatesleri frenk soğanıyla birlikte
   atın ve biberle tatlandırın. Tavuğu pişirme suyu ve
   cipsle birlikte servis edin.

FRENK SOĞANI PÜRESI ILE ÜÇ MANTARDAN OLUŞAN COQ AU VIN

EV ÖDEVI:15 dakika Pişirme süresi: 1 saat 15 dakika
Verim: 4 ila 6 porsiyon

KASENIN IÇINDE KUM VARSABULUNMASI MUHTEMEL KURU MANTARLARI ISLATTIKTAN SONRA, INCE GÖZENEKLI SÜZGEÇ IÇINE YERLEŞTIRILMIŞ ÇIFT KALIN TÜLBENTTEN SIVIYI SÜZÜN.

1 ons kurutulmuş mantar veya havuç

1 bardak kaynar su

2 ila 2 ½ pound derisiz tavuk butları ve butları

Karabiber

2 yemek kaşığı zeytinyağı

2 orta boy pırasa, uzunlamasına ikiye bölünmüş, yıkanmış ve ince dilimlenmiş

2 portobello mantarı, dilimlenmiş

8 ons taze istiridye mantarı, kesilmiş ve dilimlenmiş veya taze mantar, dilimlenmiş

¼ bardak tuzsuz domates salçası

1 çay kaşığı kurutulmuş mercanköşk, doğranmış

½ çay kaşığı kurutulmuş kekik, doğranmış

½ fincan sek kırmızı şarap

6 su bardağı tavuk kemik suyu (bkz.<u>yemek tarifi</u>) veya tuzsuz tavuk suyu

2 adet defne yaprağı

2 ila 2 ½ pound sedef otu, soyulmuş ve doğranmış

Şeritler halinde kesilmiş 2 yemek kaşığı taze sarımsak

½ çay kaşığı karabiber

doğranmış taze kekik (isteğe bağlı)

1. Porcini mantarlarını ve kaynar suyu küçük bir kasede birleştirin; 15 dakika dinlenmeye bırakın. Islatma sıvısını saklayarak mantarları çıkarın. Mantarları doğrayın. Mantarları ve ıslatma sıvısını bir kenara koyun.

2. Tavuğu biberle serpin. Sıkı kapanan kapağı olan çok büyük bir tavada, 1 çorba kaşığı zeytinyağını orta-yüksek ateşte ısıtın. Tavuk parçalarını sıcak yağda iki seferde yaklaşık 15 dakika, hafifçe kızarana kadar, bir kez çevirerek kızartın. Tavuğu tavadan çıkarın. Pırasayı, portobello mantarını ve istiridye mantarını ekleyin. 4-5 dakika veya mantarlar kahverengileşene kadar ara sıra karıştırarak pişirin. Domates salçasını, mercanköşk ve kekiği ekleyin; 1 dakika pişirin ve karıştırın. Şarap ekleyin; 1 dakika pişirin ve karıştırın. 3 su bardağı tavuk kemiği suyu, defne yaprağı, ½ su bardağı ayrılmış mantar ıslatma sıvısı ve rehidre edilmiş doğranmış mantarları ekleyin. Tavuğu tavaya geri koyun. Kaynatın; ısıyı azaltmak Kapalı olarak kaynatın

3. Bu arada pancarları ve kalan 3 bardak suyu büyük bir tencerede birleştirin. Gerekirse yolları kaplayacak kadar su ekleyin. Kaynatın; ısıyı azaltmak Ara sıra karıştırarak 25 ila 30 dakika veya sedef yumuşayana kadar kapağı açık olarak pişirin. Sıvıyı saklayarak rutabagaları boşaltın. Rutabagaları tencereye geri koyun. Kalan 1 yemek kaşığı zeytinyağını, yeşil soğanı ve ½ çay kaşığı

biberi ekleyin. Pancar karışımını patates püresi haline getirin ve pişirme sıvısını istenilen kıvama gelinceye kadar ekleyin.

4. Tavuk karışımından defne yapraklarını çıkarın; atmak Tavuğu ve sosu patates püresinin üzerine servis edin. İstenirse taze kekik serpin.

ŞEFTALI BRENDI ÇUBUKLARI

EV ÖDEVI:Izgarada 30 dakika: 40 dakika Verim: 4 porsiyon

BU TAVUK AYAKLARI MÜKEMMELTUNUS BAHARATLI DOMUZ OMUZ TARIFINE GÖRE ÇITIR SALATA VE BAHARATLI KIZARMIŞ TATLI PATATES KIZARTMASI ILE (BKZ.YEMEK TARIFI). BURADA TURP, MANGO VE NANE ILE ÇITIR KALE SALATASI ILE BIRLIKTE GÖSTERILMEKTEDIR (BKZ.YEMEK TARIFI).

ŞEFTALI VE BRENDI SIR

  1 yemek kaşığı zeytinyağı

  ½ su bardağı doğranmış soğan

  2 orta boy taze şeftali, ikiye bölünmüş, çekirdekleri
      çıkarılmış ve doğranmış

  2 kaşık brendi

  1 bardak barbekü sosu (bkz.yemek tarifi)

  8 tavuk budu (toplamda 2-2 ½ pound), istenirse derisiz

  1. Sır için zeytinyağını orta boy bir tencerede orta
      ateşte ısıtın. Soğanı ekleyin; ara sıra karıştırarak
      yaklaşık 5 dakika veya yumuşayana kadar pişirin.
      Şeftalileri ekleyin. Kapağını kapatıp 4-6 dakika veya
      şeftaliler yumuşayana kadar ara sıra karıştırarak
      pişirin. Brendi ekleyin; Ara sıra karıştırarak, kapağı
      açık olarak 2 dakika pişirin. Hafifçe soğumaya
      bırakın. Şeftali karışımını bir blender veya mutfak
      robotuna aktarın. Örtün ve karıştırın veya pürüzsüz
      olana kadar işleyin. Barbekü sosunu ekleyin. Örtün

ve karıştırın veya pürüzsüz olana kadar işleyin. Sosu tekrar tencereye alın. Orta-düşük ateşte iyice ısınana kadar pişirin. Tavuğu kaplamak için ¾ bardak sosu küçük bir kaseye aktarın. Kalan sosu ızgara tavukla birlikte servis etmek için sıcak tutun.

2. Kömürlü ızgara için, kömürü damlama kabının etrafına orta ateşte yerleştirin. Bir damlama tavasında orta ateşte deneyin. Izgara tavuk butlarını tavaya yerleştirin. Kapağı kapatın ve 40 ila 50 dakika veya tavuk artık pembe (175°F) oluncaya kadar ızgara yapın, kavurma işleminin yarısında bir kez çevirin ve son 5 dakikada ¾ fincan brendi-şeftali sosuyla üzerini yağlayın. 10 dakika pişirme. (Gazlı ızgara kullanıyorsanız, ızgarayı önceden ısıtın. Isıyı orta dereceye düşürün. Isıyı dolaylıya çevirin. Tavuk butlarını ızgaraya ekleyin. Kapağını kapatın ve belirtildiği gibi pişirin.)

MANGO VE KAVUN SALATASI ILE ŞILI'DE MARINE EDILMIŞ TAVUK

EV ÖDEVI:40 dakika soğutma/marine etme: 2-4 saat
Izgara: 50 dakika Verim: 6-8 porsiyon

ANCHO CHILI KURUTULMUŞ BIR POBLANO'DUR–
YOĞUN TAZE BIR TADA SAHIP PARLAK KOYU YEŞIL
BIR ŞILI. ANCHO CHILES, ERIK VEYA KURU ÜZÜM
IPUÇLARI VE SADECE BIR MIKTAR ACI ILE HAFIF
MEYVELI BIR TADA SAHIPTIR. NEW MEXICO BIBERI
ORTA DERECEDE SICAK OLABILIR. BUNLAR,
GÜNEYBATI'NIN BAZI BÖLGELERINDE GRUP HALINDE
GÖRÜLEN VE RISTROLARDA ASILI GÖRÜLEN KOYU
KIRMIZI BIBERLER, KURUTULMUŞ BIBERLERIN
RENKLI ARANJMANLARI.

TAVUK
  2 adet kurutulmuş New Mexico biberi
  2 adet kurutulmuş ancho biberi
  1 bardak kaynar su
  3 yemek kaşığı zeytinyağı
  1 büyük tatlı soğan, soyulmuş ve kalın dilimlenmiş
  4 Roma domatesi, çekirdekleri çıkarılmış
  1 yemek kaşığı kıyılmış sarımsak (6 diş)
  2 çay kaşığı öğütülmüş kimyon
  1 çay kaşığı kurutulmuş kekik, doğranmış
  16 tavuk budu

SALATA

2 su bardağı doğranmış kavun

2 su bardağı doğranmış pekmez

2 bardak doğranmış mango

¼ bardak taze limon suyu

1 çay kaşığı biber tozu

½ çay kaşığı öğütülmüş kimyon

¼ bardak taze kişniş, doğranmış

1. Tavuk için, kurutulmuş New Mexico biberlerinin ve hamsinin saplarını ve çekirdeklerini çıkarın. Büyük bir kızartma tavasını orta ateşte ısıtın. Biberleri tavada 1-2 dakika veya kokusu çıkana ve hafifçe kızarana kadar kızartın. Kavrulmuş biberleri küçük bir kaseye koyun; kaseye kaynar su ekleyin. En az 10 dakika veya kullanıma hazır oluncaya kadar bekletin.

2. Izgarayı ısıtın. Bir fırın tepsisini alüminyum folyo ile kaplayın; Alüminyum folyonun üzerine 1 yemek kaşığı zeytinyağı sürün. Soğan dilimlerini ve domatesleri tavaya dizin. Isıdan yaklaşık 4 inç uzakta 6 ila 8 dakika veya yumuşayana ve kömürleşene kadar ızgara yapın. Suyunu ayırarak biberleri boşaltın.

3. Marine için kırmızı biberi, soğanı, domatesi, sarımsağı, kimyonu ve kekiği bir blender veya mutfak robotunda karıştırın. İstenilen kıvamı elde etmek için gerektiği kadar ayrılmış su ekleyerek, pürüzsüz hale gelinceye kadar örtün ve karıştırın veya işleyin.

4. Tavuğu, sığ bir tabağa, büyük, açılıp kapanabilir bir plastik torbaya koyun. Marine edilmiş sosu torbadaki tavuğun üzerine dökün ve torbayı ters çevirerek eşit şekilde kaplayın. Torbayı ara sıra çevirerek buzdolabında 2-4 saat marine edin.

5. Salata için ekstra geniş bir kapta kavun, pekmez, mango, limon suyu, 2 yemek kaşığı zeytinyağı, kırmızı toz biber, kimyon ve kişnişi birleştirin. Bir kürk manto giyin. Örtün ve 1-4 saat buzdolabında saklayın.

6. Kömürlü ızgara için, kömürü damlama kabının etrafına orta ateşte yerleştirin. Bir tavada orta ateşte deneyin. Marine ederek tavuğu boşaltın. Izgara tavuğu damlama tavasına yerleştirin. Tavuğu, ayrılmış turşunun bir kısmıyla bolca fırçalayın (fazladan turşuyu atın). Kapağını kapatın ve 50 dakika veya tavuk artık pembe (175°F) rengi kalmayana kadar ızgara yapın, ızgara işleminin yarısında bir kez çevirin. (Gazlı ızgara kullanıyorsanız, ızgarayı önceden ısıtın. Isıyı orta dereceye düşürün. Dolaylı ızgaraya yerleştirin. Belirtildiği gibi ilerleyin ve tavuğu yanmayan brülöre yerleştirin.) Tavuk butlarını salatayla birlikte servis edin.

TANDIR USULÜ TAVUK BUDU, SALATALIK RAITALI

EV ÖDEVI:20 dakika Marine etme: 2 ila 24 saat arası
Izgarada pişirme: 25 dakika Verim: 4 porsiyon

RAITA KAJU FISTIGI ILE YAPILIR.KREMA, LIMON
SUYU, NANE, KISNIS VE SALATALIK. SICAK VE
BAHARATLI TAVUGA FERAHLATICI BIR KONTRAST
SAGLAR.

TAVUK
- 1 soğan, ince dilimlenmiş
- 1 2 inç parça taze zencefil, soyulmuş ve dörde
  bölünmüş
- 4 diş sarımsak
- 3 yemek kaşığı zeytinyağı
- 2 yemek kaşığı taze limon suyu
- 1 çay kaşığı öğütülmüş kimyon
- 1 çay kaşığı öğütülmüş zerdeçal
- ½ çay kaşığı öğütülmüş yenibahar
- ½ çay kaşığı öğütülmüş tarçın
- ½ çay kaşığı karabiber
- ¼ çay kaşığı acı biber
- 8 tavuk budu

SALATALIK RAITASI
- 1 bardak kaju kreması (bkz.yemek tarifi)
- 1 yemek kaşığı taze limon suyu
- 1 yemek kaşığı doğranmış taze nane
- 1 yemek kaşığı şeritler halinde kesilmiş taze kişniş

½ çay kaşığı öğütülmüş kimyon

⅛ çay kaşığı karabiber

1 orta boy salatalık, soyulmuş, çekirdeği çıkarılmış ve doğranmış (1 bardak)

Limon dilimleri

1. Soğan, zencefil, sarımsak, zeytinyağı, limon suyu, kimyon, zerdeçal, yenibahar, tarçın, karabiber ve kırmızı biberi bir blender veya mutfak robotunda birleştirin. Örtün ve karıştırın veya pürüzsüz olana kadar işleyin.

2. Bıçağın ucunu kullanarak her bacağı dört veya beş kez delin. Bagetleri büyük bir kaptaki, yeniden kapatılabilir büyük bir plastik torbaya yerleştirin. Soğan karışımını ekleyin; sırayla torbayı ara sıra çevirerek buzdolabında 2 ila 24 saat marine edin.

3. Izgarayı ısıtın. Tavuğu marinattan çıkarın. Bagetlerdeki fazla turşuyu kağıt havluyla silin. Bagetleri ısıtılmamış bir fırın tepsisine veya alüminyum folyo ile kaplı bir fırın tepsisinin rafına yerleştirin. 15 dakika boyunca ısı kaynağından 6 ila 8 inç uzakta ızgara yapın. Bacaklarınızı döndürün; Yaklaşık 10 dakika veya tavuk artık pembe (175°F) rengi kalmayana kadar pişirin.

4. Orta boy bir kapta kaju kremasını, limon suyunu, naneyi, kişnişi, kimyonu ve karabiberi birlikte çırpın. Salatalığı yavaşça katlayın.

5. Tavuğu raita ve limon dilimleriyle servis edin.

KÖK, KUŞKONMAZ VE YEŞIL ELMA NANE BAHARATLARI ILE KÖRILI TAVUK GÜVEÇ

EV ÖDEVI:30 dakika pişirme: 35 dakika dinlenme: 5 dakika
Verim: 4 porsiyon

- 2 yemek kaşığı rafine hindistan cevizi yağı veya zeytinyağı
- İstenirse 2 kilo kemiksiz derisiz tavuk göğsü
- 1 su bardağı doğranmış soğan
- 2 yemek kaşığı rendelenmiş taze zencefil
- 2 yemek kaşığı kıyılmış sarımsak
- 2 yemek kaşığı tuzsuz köri tozu
- 2 yemek kaşığı doğranmış ve çekirdekleri çıkarılmış jalapeno (bkz.eğim)
- 4 bardak tavuk kemik suyu (bkz.yemek tarifi) veya tuzsuz tavuk suyu
- 2 orta boy tatlı patates (yaklaşık 1 pound), soyulmuş ve doğranmış
- 2 orta boy şalgam (yaklaşık 6 ons), soyulmuş ve doğranmış
- 1 su bardağı domates, çekirdekleri çıkarılmış ve doğranmış
- 8 ons kuşkonmaz, kesilmiş ve 1 inçlik parçalar halinde kesilmiş
- 1 13,5 ons kutu doğal hindistan cevizi sütü (Nature's Way gibi)
- ½ bardak taze kişniş, şeritler halinde kesilmiş
- Elma püresi ve nane (bkz.yemek tarifi, uyarınca)
- Limon dilimleri

1. Yağı 6 litrelik Hollanda fırınında orta-yüksek ateşte
   ısıtın. Tavukları sıcak yağda, eşit şekilde
   kızarıncaya kadar, yaklaşık 10 dakika boyunca
   gruplar halinde kızartın. Tavuğu tabağa aktarın;
   erteleme

2. Isıyı orta seviyeye getirin. Tencereye soğan, zencefil,
   sarımsak, köri tozu ve jalapeno ekleyin. 5 dakika
   veya soğan yumuşayana kadar pişirin ve karıştırın.
   Tavuk kemik suyunu, tatlı patatesi, şalgamı ve
   domatesi ekleyin. Mümkün olduğu kadar fazla sıvıyı
   emmesi için tavuk parçalarını tencereye geri koyun.
   Isıyı orta-düşük seviyeye düşürün. Kapağını
   kapatıp 30 dakika veya tavuk artık pembe
   olmayıncaya ve sebzeler yumuşayana kadar pişirin.
   Kuşkonmaz, hindistan cevizi sütü ve kişnişi ekleyin.
   Ateşten alın. 5 dakika bekletin. Gerekirse tavukları
   kemiklerinden ayırıp servis kaselerine eşit şekilde
   dağıtın. Nane elma püresi ve limon dilimleri ile
   servis yapın.

Nane Elma Sosu: Bir mutfak robotunda, ½ bardak
   şekersiz hindistancevizi gevreğini toz haline getirin.
   1 bardak taze kişniş yaprağı ekleyin ve buharlayın;
   1 su bardağı taze nane yaprağı; 1 Granny Smith
   elması, soyulmuş ve doğranmış; 2 çay kaşığı
   jalapeno, doğranmış ve çekirdekleri çıkarılmış
   (bkz.eğim); ve 1 yemek kaşığı taze limon suyu. İnce
   doğranana kadar bastırın.

AHUDUDU, PANCAR VE KIZARMIS BADEM ILE IZGARA TAVUK PAILLARD SALATASI

EV ÖDEVI:30 dakika Kızartılmış: 45 dakika Marine edilmiş: 15 dakika Izgara: 8 dakika Verim: 4 porsiyon

½ bardak bütün badem

1½ çay kaşığı zeytinyağı

1 orta boy kırmızı pancar

1 orta boy altın pancar

2 derisiz 6 ila 8 ons tavuk göğsü yarısı

2 su bardağı taze veya dondurulmuş ahududu, çözülmüş

3 yemek kaşığı kırmızı veya beyaz şarap sirkesi

Şeritler halinde kesilmiş 2 yemek kaşığı taze tarhun

1 yemek kaşığı doğranmış frenk soğanı

1 çay kaşığı Dijon tarzı hardal (bkz.<u>yemek tarifi</u>)

¼ bardak zeytinyağı

Karabiber

8 su bardağı karışık sebze

1. Bademler için fırını önceden 400° F'ye ısıtın. Bademleri küçük bir fırın tepsisine yayın ve üzerine ½ çay kaşığı zeytinyağı gezdirin. Yaklaşık 5 dakika veya kokulu ve altın rengi olana kadar pişirin. Soğumaya bırakın. (Bademler 2 gün önceden kavrularak hava almayan bir kapta saklanabilir).

2. Pancarlar için, her pancarı küçük bir alüminyum folyo parçasının üzerine koyun ve üzerine ½ çay kaşığı zeytinyağı gezdirin. Pancarları alüminyum folyoya gevşek bir şekilde sarın ve bir fırın tepsisine veya

fırın tepsisine yerleştirin. Pancarları fırında 400°F sıcaklıkta 40-50 dakika veya bıçakla delindiğinde yumuşayana kadar kızartın. Fırından çıkarın ve kullanılacak kadar soğuyana kadar bekletin. Cildi bir mutfak bıçağıyla çıkarın. Pancarları kesip bir kenara koyun. (Kırmızı pancarların altın renkli pancarları lekelememesi için pancarları karıştırmamaya çalışın. Pancarlar 1 gün önceden pişirilip buzdolabında saklanabilir. Servis yapmadan önce oda sıcaklığına getirin.)

3. Tavuk için her tavuk göğsünü yatay olarak ikiye bölün. Her tavuk parçasını iki parça plastik ambalajın arasına yerleştirin. Yaklaşık bir inç kalınlığa kadar et tokmağıyla hafifçe dövün. Tavuğu sığ bir tabağa koyun ve bir kenara koyun.

4. Salata sosu için, büyük bir kapta ¾ bardak ahududuları blender ile hafifçe püre haline getirin (ahududuların geri kalanını salata için ayırın). Sirke, tarhun, arpacık soğanı ve Dijon usulü hardalı ekleyin; karıştırmak için çırpın. İnce bir akıntıya ¼ bardak zeytinyağı ekleyin ve iyice karıştırmak için karıştırın. Tavuğun üzerine ½ bardak salata sosunu dökün; Tavuğu kaplamak için çevirin (kalan salata sosunu salata için ayırın). Tavukları oda sıcaklığında 15 dakika kadar marine edin. Tavuğu turşudan çıkarın ve üzerine biber serpin; kapta kalan turşuyu atın.

5. Kömürlü veya gazlı ızgara için tavuğu orta ateşteki doğrudan ızgaraya yerleştirin. Kapağı kapatın ve 8-

10 dakika veya tavuk artık pembe olmayana kadar ızgara yapın, ızgara işleminin yarısında bir kez çevirin. (Tavuk tavada da kızartılabilir.)

6. Büyük bir kapta marul, pancar ve kalan 1¼ bardak ahududuyu birleştirin. Ayrılmış salata sosunu salatanın üzerine dökün; kaplamak için yavaşça fırlatın. Salatayı dört servis tabağına bölün; her birinde ızgara tavuk göğsü. Kavrulmuş bademleri büyük parçalar halinde doğrayın ve üzerine serpin. Derhal servis yapın.

TAZE DOMATES SOSU VE SEZAR SALATASI ILE BROKOLI ILE DOLDURULMUŞ TAVUK GÖĞSÜ

EV ÖDEVI:40 dakika Pişirme süresi: 25 dakika Verim: 6 porsiyon

3 yemek kaşığı zeytinyağı

2 çay kaşığı kıyılmış sarımsak

¼ çay kaşığı öğütülmüş kırmızı biber

1 pound brokoli raab, kesilmiş ve parçalanmış

½ bardak tuzsuz altın kuru üzüm

½ bardak su

4 kemiksiz, derisiz tavuk göğsü yarısı, 5-6 ons

1 su bardağı doğranmış soğan

3 su bardağı doğranmış domates

¼ bardak doğranmış taze fesleğen

2 çay kaşığı kırmızı şarap sirkesi

3 yemek kaşığı taze limon suyu

2 yemek kaşığı Paleo Mayo (bkz.<u>yemek tarifi</u>)

2 çay kaşığı Dijon usulü hardal (bkz.<u>yemek tarifi</u>)

1 çay kaşığı kıyılmış sarımsak

½ çay kaşığı karabiber

¼ bardak zeytinyağı

10 su bardağı doğranmış marul

1. 1 yemek kaşığı zeytinyağını büyük bir tavada orta-yüksek ateşte ısıtın. Sarımsak ve doğranmış kırmızı biberi ekleyin; 30 saniye veya kokusu çıkana kadar pişirin ve karıştırın. Doğranmış brokoliyi, kuru üzümleri ve ½ bardak suyu ekleyin. Kapağını kapatıp yaklaşık 8 dakika veya brokoli yumuşayana

kadar pişirin. Kapağı tavadan çıkarın; fazla suyun buharlaşmasına izin verin. Erteleme.

2. Rulolar için her tavuk göğsünü uzunlamasına ikiye bölün; her parçayı iki parça plastik ambalajın arasına yerleştirin. Bir et tokmağının düz tarafını kullanarak tavuğu yaklaşık ¼ inç kalınlığa kadar hafifçe dövün. Her rulonun kısa uçlarından birine yaklaşık ¼ fincan brokoli raab karışımı koyun; yuvarlayın, dolguyu tamamen kaplayacak şekilde bir tarafa katlayın. (Sarmalar 1 gün önceden hazırlanıp hazır olana kadar buzdolabında saklanabilir.)

3. 1 yemek kaşığı zeytinyağını büyük bir tavada orta-yüksek ateşte ısıtın. Ruloları, dikiş tarafı aşağı bakacak şekilde bir araya getirin. Pişirme sırasında iki veya üç kez çevirerek yaklaşık 8 dakika veya her tarafı altın rengi olana kadar pişirin. Ruloları bir tabağa aktarın.

4. Sos için kalan zeytinyağından 1 yemek kaşığını tavada orta ateşte ısıtın. Soğanı ekleyin; yaklaşık 5 dakika veya yarı saydam olana kadar pişirin. Domatesleri ve fesleğeni ekleyin. Ruloları tavadaki sosun üzerine yerleştirin. Orta-yüksek ateşte kaynatın; ısıyı azaltmak Kapağını kapatın ve yaklaşık 5 dakika veya domatesler ayrılmaya başlayana, ancak şekillerini koruyana ve rulolar ısıtılana kadar pişirin.

5. Sos için limon suyu, paleo mayonez, Dijon usulü hardal, sarımsak ve karabiberi küçük bir kasede

çırpın. ¼ bardak zeytinyağını emülsifiye olana kadar çırpın. Büyük bir kapta, doğranmış marulla sosu karıştırın. Servis yapmak için marulu altı servis tabağına bölün. Ruloları kesin ve marulun üzerine yerleştirin; üzerine domates sosunu dökün.

IZGARA TAVUKLU SHAWARMA SARMA, BAHARATLI SEBZE VE ÇAM FISTIĞI SOSUYLA

EV ÖDEVI:20 dakika Marine etme: 30 dakika Izgara: 10 dakika Yapılışı: 8 rulo (4 porsiyon)

1 ½ pound kemiksiz, derisiz tavuk göğsü, 2 inçlik parçalar halinde kesilmiş

5 yemek kaşığı zeytinyağı

2 yemek kaşığı taze limon suyu

1¾ çay kaşığı öğütülmüş kimyon

1 çay kaşığı kıyılmış sarımsak

1 çay kaşığı kırmızı biber

½ çay kaşığı köri tozu

½ çay kaşığı öğütülmüş tarçın

¼ çay kaşığı acı biber

1 orta boy kabak, ikiye bölünmüş

1 küçük patlıcan, yarım santimlik dilimler halinde kesilmiş

1 büyük sarı biber, ikiye bölünmüş ve çekirdeği çıkarılmış

1 orta boy kırmızı soğan, dörde bölünmüş

8 kiraz domates

8 büyük yaprak tereyağlı marul

Kavrulmuş çam fıstığı sosu (bkz.<u>yemek tarifi</u>)

Limon dilimleri

1. Marine için 3 yemek kaşığı zeytinyağı, limon suyu, 1 çay kaşığı kimyon, sarımsak, ½ çay kaşığı kırmızı biber, köri tozu, ¼ çay kaşığı tarçın ve kırmızı biberi

küçük bir kasede karıştırın. Tavuk parçalarını sığ bir tabaktaki büyük, açılıp kapanabilir bir plastik torbaya yerleştirin. Marine edilmiş tavuğun üzerine dökün. Çantayı kapatın; çantayı paltoya dönüştürün. Torbayı ara sıra çevirerek buzdolabında 30 dakika marine edin.

2. Tavuğu marinattan çıkarın; turşuyu atın. Tavuğu dört uzun şişin üzerine geçirin.

3. Kabağı, patlıcanı, biberi ve soğanı fırın tepsisine yerleştirin. 2 yemek kaşığı zeytinyağını gezdirin. Kalan ¾ çay kaşığı kimyonu, kalan ½ çay kaşığı kırmızı biberi ve kalan ¼ çay kaşığı tarçını serpin; Sebzeleri hafifçe ovalayın. Domatesleri iki şişin üzerine geçirin.

3. Tavuk ve domates şişlerini ve sebzeleri orta ateşte kömürlü veya gazlı ızgaraya yerleştirin. Kapağını kapatın ve tavuk artık pembe olmayıncaya ve sebzeler hafifçe kömürleşip gevrekleşene kadar bir kez çevirerek ızgara yapın. Tavuk için 10-12 dakika, sebzeler için 8-10 dakika, domatesler için 4 dakika bekleyin.

4. Tavuğu şişlerden çıkarın. Tavuğu parçalayıp kabak, patlıcan ve tatlı biberi küçük parçalar halinde kesin. Domatesleri şişlerden çıkarın (doğrmayın). Tavukları ve sebzeleri bir tabağa koyun. Servis yaparken tavuk ve sebzeleri marul yaprağına yayın; kızarmış çam fıstığı sosunu gezdirin. Limon dilimleri ile servis yapın.

MANTARLI KIZARMIŞ TAVUK GÖĞSÜ, KARNABAHAR SARIMSAK PÜRESI VE KAVRULMUŞ KUŞKONMAZ

BITIRMEK IÇIN BAŞLA:50 dakikalık verim: 4 porsiyon

4 10 ila 12 onsluk kemikli tavuk göğsü yarısı, derisiz

3 su bardağı küçük beyaz mantar

1 su bardağı ince doğranmış pırasa veya sarı soğan

2 su bardağı tavuk kemik suyu (bkz.<u>yemek tarifi</u>) veya tuzsuz tavuk suyu

1 bardak kuru beyaz şarap

1 büyük demet taze kekik

Karabiber

beyaz şarap sirkesi (isteğe bağlı)

1 baş karnabahar, çiçeklere bölünmüş

12 diş sarımsak, soyulmuş

2 yemek kaşığı zeytinyağı

Beyaz biber veya kırmızı biber

1 pound kuşkonmaz, doğranmış

2 çay kaşığı zeytinyağı

1. Fırını önceden 400° F'ye ısıtın. Tavuk göğüslerini 3 qt'lik bir fırın tepsisine yerleştirin. dikdörtgen pişirme şekli; üstüne mantar ve pırasa ekleyin. Tavuk kemik suyunu ve şarabı tavuk ve sebzelerin üzerine dökün. Üstüne kekik serpin ve karabiber serpin. Plakayı alüminyum folyo ile örtün.

2. 35-40 dakika veya anında okunan bir termometre 170° F'deki tavuk kayıtlarına yerleştirilene kadar pişirin. Kekik dallarını çıkarın ve atın. İstenirse,

servis yapmadan önce buğulama sıvısını bir miktar sirke ile tatlandırın.

2. Bu arada, karnabaharı ve sarımsağı büyük bir tencerede kaynar suda yaklaşık 10 dakika veya çok yumuşayıncaya kadar pişirin. Karnabaharı ve sarımsağı boşaltın, pişirme sıvısından 2 yemek kaşığı ayırın. Karnabaharı ve ayrılmış pişirme sıvısını bir mutfak robotuna veya büyük bir kaseye yerleştirin. Pürüzsüz* oluncaya kadar işleyin veya patates eziciyle ezin; 2 yemek kaşığı zeytinyağı ekleyin ve isteğe göre beyaz biberle tatlandırın. Servis yapmaya hazır olana kadar sıcak tutun.

3. Kuşkonmazı fırın tepsisine tek kat halinde yerleştirin. 2 çay kaşığı zeytinyağını gezdirin ve kaplayın. Karabiber serpin. 400°F fırında yaklaşık 8 dakika veya gevrekleşene kadar bir kez çevirerek kızartın.

4. Karnabahar püresini altı servis tabağına paylaştırın. Üstüne tavuk, mantar ve pırasayı ekleyin. Biraz buğulama sıvısını gezdirin; kavrulmuş kuşkonmazla servis yapın.

*Not: Bir mutfak robotu kullanıyorsanız, fazla işlem yapmamaya dikkat edin, aksi takdirde karnabahar çok ince olur.

TAYLAND USULÜ TAVUK ÇORBASI

EV ÖDEVI:Soğutma 30 dakika: Pişirme 20 dakika: 50 dakika Verim: 4-6 porsiyon

DEMIRHINDI ACI, MISK KOKULU BIR MEYVEDIRHINT, TAYLAND VE MEKSIKA MUTFAĞINDA KULLANILIR. TICARI OLARAK HAZIRLANAN DEMIRHINDI MACUNLARININ ÇOĞU ŞEKER IÇERIR; OLMAYAN BIRINI ALDIĞINIZDAN EMIN OLUN. KAFFIR LIMONU YAPRAKLARI BIRÇOK ASYA PAZARINDA TAZE, DONDURULMUŞ VE KURUTULMUŞ OLARAK BULUNABILIR. BUNLARI BULAMAZSANIZ, BU TARIFTEKI YAPRAKLARI 1½ ÇAY KAŞIĞI INCE RENDELENMIŞ LIMON KABUĞU RENDESI ILE DEĞIŞTIRIN.

- 2 limon sapı, doğranmış
- 2 yemek kaşığı rafine edilmemiş hindistancevizi yağı
- ½ su bardağı ince dilimlenmiş soğan
- 3 diş sarımsak ince doğranmış
- 8 su bardağı tavuk kemik suyu (bkz.<u>yemek tarifi</u>) veya tuzsuz tavuk suyu
- ¼ bardak şekersiz demirhindi ezmesi (Tamicon markası gibi)
- 2 yemek kaşığı pul istiyorum
- 3 adet taze Tay biberi, tohumları bozulmadan ince dilimlenmiş (bkz.<u>eğim</u>)
- 3 kafir limon yaprağı
- 1 3 inç parça zencefil, ince dilimlenmiş
- 4 6 ons derisiz tavuk göğsü yarısı

1 14,5 onsluk tuzsuz ateşte kavrulmuş domates, doğranmış, süzülmemiş

6 ons küçük kuşkonmaz, kesilmiş ve ½ inçlik parçalar halinde çapraz olarak ince dilimlenmiş

½ fincan paketlenmiş Tay fesleğen yaprağı (bkz. <u>Not</u>)

1. Limon saplarını bıçağın arkasıyla iyice bastırarak ezin. Ezilmiş sapları ince ince doğrayın.

2. Hindistan cevizi yağını Hollanda fırınında orta ateşte ısıtın. Limon ve frenk soğanı ekleyin; Sık sık karıştırarak 8-10 dakika pişirin. Sarımsak ekleyin; 2-3 dakika veya kokusu çıkana kadar pişirin ve karıştırın.

3. Tavuk kemiği suyunu, demirhindi ezmesini, nori pullarını, kırmızı biberi, limon yapraklarını ve zencefili ekleyin. Kaynatın; ısıyı azaltmak Kapağını kapatıp kısık ateşte 40 dakika pişirin.

4. Bu arada tavuğu 20-30 dakika veya sertleşinceye kadar dondurun. Tavuğu ince dilimler halinde kesin.

5. Çorbayı ince gözenekli bir süzgeçten geçirerek büyük bir tencereye süzün ve tatların çıkması için büyük bir kaşığın arkasıyla bastırın. Katıları atın. Çorbayı kaynatın. Tavuğu, güneşte kurutulmuş domatesi, kuşkonmazı ve fesleğeni ekleyin. Ateşi azaltın; Kapağını açmadan 2-3 dakika veya tavuk tamamen pişene kadar pişirin. Derhal servis yapın.

HINDIBA ILE LIMON VE ADAÇAYI ILE IZGARA TAVUK

EV ÖDEVI:15 dakika kızartma: 55 dakika dinlenme: 5 dakika Verim: 4 porsiyon

LIMON DILIMLERI VE ADAÇAYI YAPRAĞI.TAVUĞUN DERISININ ALTINA YERLEŞTIRILEREK PIŞERKEN ETE TAT VERIR VE FIRINDAN ÇIKTIĞINDA ÇITIR, OPAK DERISININ ALTINDA ÇEKICI BIR TASARIM OLUŞTURUR.

4 kemikli tavuk göğsü yarısı (derili)

1 limon, çok ince dilimler halinde kesilmiş

4 büyük adaçayı yaprağı

2 çay kaşığı zeytinyağı

2 çay kaşığı Akdeniz baharatı (bkz.<u>yemek tarifi</u>)

½ çay kaşığı karabiber

2 yemek kaşığı sızma zeytinyağı

2 arpacık soğan, doğranmış

2 diş kıyılmış sarımsak

4 baş hindiba, uzunlamasına ikiye kesilmiş

1. Fırını önceden 400° F'a ısıtın. Bir bıçak kullanarak kaburganın her iki tarafındaki deriyi dikkatlice gevşeterek bir tarafa yapışmasını sağlayın. Her göğsü 2 limon dilimi ve 1 adaçayı yaprağıyla kaplayın. Cildi yavaşça yerine çekin ve sabitlemek için hafifçe bastırın.

2. Tavuğu sığ bir tabağa koyun. Tavuğu 2 çay kaşığı zeytinyağıyla fırçalayın; Akdeniz baharatı ve ¼ çay kaşığı biber serpin. Kapağı açık olarak yaklaşık 55

dakika veya cilt altın sarısı ve gevrek oluncaya kadar ve anında okunan bir termometre tavuk kayıtlarına 170°F yerleştirilinceye kadar ızgara yapın. Tavuğu servis yapmadan önce 10 dakika dinlendirin.

3. Bu arada, 2 yemek kaşığı zeytinyağını büyük bir tavada orta ateşte ısıtın. Arpacık soğanı ekleyin; yaklaşık 2 dakika veya yarı saydam olana kadar pişirin. Kalan ¼ çay kaşığı karabiberi hindibaların üzerine serpin. Sarımsakları tavaya ekleyin. Hindibayı tavaya yerleştirin, yanlarını aşağıya doğru kesin. Yaklaşık 5 dakika veya altın rengi olana kadar pişirin. Hindibayı dikkatlice çevirin; 2-3 dakika daha veya yumuşayana kadar pişirin. Tavukla servis yapın.

SOĞAN, SU TERESI VE TURPLU TAVUK

EV ÖDEVI:Pişirme 20 dakika: Pişirme 8 dakika: 30 dakika
Verim: 4 porsiyon

TURP PIŞIRMEK GARIP GÖRÜNSE DEBURADA ZAR
ZOR PIŞIRILIRLER, BAHARATLI ISIRIKLARI
YUMUŞATMAYA VE BIRAZ YUMUŞATMAYA YETECEK
KADAR.

3 yemek kaşığı zeytinyağı

4 kemikli (derili) tavuk göğsü yarısı, 10-12 ons

1 yemek kaşığı limon otu baharatı (bkz.<u>yemek tarifi</u>)

¾ bardak dilimlenmiş soğan

6 turp, ince dilimlenmiş

¼ çay kaşığı karabiber

½ fincan sek beyaz vermut veya sek beyaz şarap

⅓ fincan kaju kreması (bkz.<u>yemek tarifi</u>)

1 demet su teresi, sapları kesilmiş ve doğranmış

1 yemek kaşığı taze dereotu, şeritler halinde kesilmiş

1. Fırını önceden 350°F'a ısıtın.Zeytinyağını büyük bir
   tavada orta-yüksek ateşte ısıtın. Tavuğu kağıt
   havluyla kurulayın. Tavuğu derisi aşağı bakacak
   şekilde 4-5 dakika veya derisi altın kahverengi ve
   gevrek oluncaya kadar pişirin. Tavuğu ters çevirin;
   yaklaşık 4 dakika veya altın rengi olana kadar
   pişirin. Tavuğu derisi yukarı bakacak şekilde sığ bir
   fırın tepsisine yerleştirin. Limon otu baharatını
   tavuğun üzerine serpin. Yaklaşık 30 dakika veya

tavuk kayıtlarına 170°F sıcaklıkta anında okunan bir termometre yerleştirilene kadar pişirin.

2. Bu arada tavadaki yağın 1 yemek kaşığı dışında tamamını dökün; Tavayı ısıt. Frenk soğanı ve turp ekleyin; yaklaşık 3 dakika veya soğan solana kadar pişirin. Biber serpin. Kahverengi parçaları parçalamak için karıştırarak vermutu ekleyin. Kaynatın; küçülene ve hafifçe koyulaşana kadar pişirin. Kaju kremasını ekleyin; kaynamak. Tavayı ocaktan alın; su teresi ve dereotu ekleyin, solana kadar yavaşça karıştırın. Tavada biriken tavuk sularını dökün.

3. Soğan karışımını dört servis tabağına bölün; üstüne tavuk ekleyin.

TAVUK TIKKA MASALA

EV ÖDEVI:30 dakika Marine etme: 4-6 saat Pişirme: 15 dakika Izgarada pişirme: 8 dakika Verim: 4 porsiyon

ÇOK POPÜLER BIR HINT YEMEĞINDEN ESINLENILMIŞTIR.HINDISTAN'DA HIÇ YARATILMAMIŞ OLABILIR, ANCAK BIRLEŞIK KRALLIK'TA BIR HINT RESTORANINDA YARATILMIŞTIR. GELENEKSEL TAVUK TIKKA MASALA, TAVUĞUN YOĞURTLA MARINE EDILMESINI VE ÜZERINE KREMA EKLENMIŞ BAHARATLI DOMATES SOSUNDA PIŞIRILMESINI GEREKTIRIR. SOSUN LEZZETINI SULANDIRACAK SÜT ÜRÜNLERI BULUNMADIĞINDAN BU SEÇENEK SON DERECE TEMIZDIR. PIRINÇ YERINE ÇITIR KABAK ERIŞTESININ ÜZERINDE SERVIS EDILIYOR.

- 1½ pound kemiksiz tavuk butları veya yarım tavuk göğsü
- ¾ bardak normal hindistan cevizi sütü (Doğanın Yolu gibi)
- 6 diş kıyılmış sarımsak
- 1 yemek kaşığı rendelenmiş taze zencefil
- 1 çay kaşığı öğütülmüş kişniş
- 1 çay kaşığı kırmızı biber
- 1 çay kaşığı öğütülmüş kimyon
- ¼ çay kaşığı öğütülmüş kakule
- 4 yemek kaşığı rafine hindistan cevizi yağı
- 1 su bardağı doğranmış havuç
- 1 ince doğranmış kereviz
- ½ su bardağı doğranmış soğan

2 jalapeño veya serrano biberi, çekirdekleri çıkarılmış
(istenirse) ve ince doğranmış (bkz.<u>eğim</u>)

1 14,5 onsluk tuzsuz ateşte kavrulmuş domates,
doğranmış, süzülmemiş

1 8 onsluk tuz eklenmemiş ketçap

1 çay kaşığı tuzsuz garam masala

3 orta boy kabak

½ çay kaşığı karabiber

taze kişniş yaprakları

1. Tavuk budu kullanıyorsanız her bir budu üç parçaya
bölün. Tavuk göğsü yarımlarını kullanıyorsanız, her
göğsün yarısını 2 inçlik parçalar halinde kesin, kalın
kısımları daha ince hale getirmek için yatay olarak
ikiye bölün. Tavuğu yeniden kapatılabilir büyük bir
plastik torbaya koyun; erteleme Marine için ½
bardak hindistan cevizi sütü, sarımsak, zencefil,
kişniş, kırmızı biber, kimyon ve kakuleyi küçük bir
kasede birleştirin. Torbadaki tavuğun üzerine
marineyi dökün. Torbayı kapatın ve tavuğu ters
çevirin. Torbayı orta boy kaseye yerleştirin; Torbayı
ara sıra çevirerek buzdolabında 4-6 saat marine
edin.

2. Izgarayı ısıtın. 2 yemek kaşığı hindistancevizi yağını
büyük bir tavada orta ateşte ısıtın. Havuç, kereviz
ve soğanı ekleyin; 6-8 dakika veya sebzeler
yumuşayana kadar ara sıra karıştırarak pişirin.
Jalapeno ekleyin; 1 dakika daha pişirin ve karıştırın.
Kurutulmuş domatesleri ve domates sosunu
ekleyin. Kaynatın; ısıyı azaltmak Yaklaşık 5 dakika

veya sos hafifçe kalınlaşana kadar kapağı açık olarak pişirin.

3. Tavuğu süzün, turşuyu atın. Tavuk parçalarını ısıtılmamış bir fırın tepsisinin rafına tek bir kat halinde yerleştirin. Ateşten 5 ila 6 inç uzakta, 8 ila 10 dakika veya tavuk artık pembe olmayana kadar, pişirme işleminin yarısında çevirerek ızgara yapın. Pişmiş tavuk parçalarını ve kalan ¼ bardak hindistan cevizi sütünü tavadaki domates karışımına ekleyin. 1 ila 2 dakika veya tamamen ısıtılıncaya kadar pişirin. Ateşten alın; garam masala'yı ekleyin.

4. Kabakların uçlarını kesin. Kabağı jülyen kesiciyle uzun, ince şeritler halinde kesin. Geriye kalan 2 yemek kaşığı hindistancevizi yağını çok büyük bir tavada orta ateşte ısıtın. Kabak şeritlerini ve karabiberi ekleyin. 2-3 dakika veya kabaklar yumuşayıncaya ve gevrekleşinceye kadar pişirin ve karıştırın.

5. Servis etmek için kabakları dört servis tabağına bölün. Üzerine tavuk karışımını ekleyin. Kişniş yapraklarıyla süsleyin.

RAS EL HANOUT TAVUK BUTLARI

EV ÖDEVI:20 dakika Pişirme süresi: 40 dakika Verim: 4 porsiyon

RAS EL HANOUT BIR KOMPLEKSTIRVE EGZOTIK FAS BAHARATLARININ BIR KARIŞIMI. BU IFADE ARAPÇA'DA "MAĞAZA MÜDÜRÜ" ANLAMINA GELIR; BU, BIR BAHARAT SATICISININ SUNDUĞU EN IYI BAHARATLARIN BENZERSIZ BIR KARIŞIMI OLDUĞU ANLAMINA GELIR. RAS EL HANOUT IÇIN SABIT BIR TARIF YOKTUR, ANCAK GENELLIKLE ZENCEFIL, ANASON, TARÇIN, HINDISTAN CEVIZI, KARABIBER, KARANFIL, KAKULE, KURUTULMUŞ ÇIÇEKLER (LAVANTA VE GÜL GIBI), ÇÖREK OTU, TOPUZ, HAVLICAN VE ZERDEÇAL KARIŞIMI IÇERIR. .

1 yemek kaşığı öğütülmüş kimyon

2 çay kaşığı öğütülmüş zencefil

1½ çay kaşığı karabiber

1½ çay kaşığı öğütülmüş tarçın

1 çay kaşığı öğütülmüş kişniş

1 çay kaşığı acı biber

1 çay kaşığı öğütülmüş yenibahar

½ çay kaşığı öğütülmüş karanfil

¼ çay kaşığı öğütülmüş hindistan cevizi

1 çay kaşığı safran ipliği (isteğe bağlı)

4 yemek kaşığı rafine edilmemiş hindistancevizi yağı

8 adet kemikli tavuk budu

1 8 onsluk paket taze mantar, dilimlenmiş

1 su bardağı doğranmış soğan

1 su bardağı doğranmış kırmızı, sarı veya yeşil biber (1 büyük)

4 Roma domatesi, soyulmuş, çekirdekleri çıkarılmış ve doğranmış

4 diş sarımsak, kıyılmış

2 adet 13,5 onsluk normal hindistan cevizi sütü kutusu (Nature's Way gibi)

3-4 yemek kaşığı taze limon suyu

¼ bardak ince kıyılmış taze kişniş

1. Orta boy bir harç ve havan tokmağı veya küçük bir kapta kimyon, zencefil, karabiber, tarçın, kişniş, kırmızı biber, yenibahar, karanfil, hindistan cevizi ve istenirse safranı birleştirin. İyice karışması için bir çekiçle ezin veya bir kaşıkla karıştırın. Erteleme.

2. 2 yemek kaşığı hindistancevizi yağını ekstra büyük bir tavada orta ateşte ısıtın. Tavuk butlarının üzerine 1 yemek kaşığı Ras el hanout serpin. Tavaya tavuk ekleyin; Pişirme işleminin yarısında çevirerek 5-6 dakika veya altın rengi oluncaya kadar pişirin. Tavuğu tavadan çıkarın; sıcak tutmak

3. Aynı tavada kalan 2 yemek kaşığı hindistancevizi yağını orta ateşte ısıtın. Mantarları, soğanı, biberi, domatesi ve sarımsağı ekleyin. Yaklaşık 5 dakika veya sebzeler yumuşayana kadar pişirin ve karıştırın. Hindistan cevizi sütünü, limon suyunu ve 1 çorba kaşığı Hanout sosunu ekleyin. Tavuğu tavaya geri koyun. Kaynatın; ısıyı azaltmak Yaklaşık 30 dakika veya tavuk yumuşayana kadar (175°F) üstü kapalı olarak pişirin.

4. Tavuğu, sebzeleri ve sosu kaselerde servis edin. Kişniş ile süsleyin.

Not: Artık Ras el Hanout'u 1 aya kadar kapalı bir kapta saklayın.

SOTELENMIŞ ISPANAK ÜZERINDE CARAMBOLA ILE MARINE EDILMIŞ TAVUK BUTLARI

EV ÖDEVI:40 dakika Marine etme: 4-8 saat Pişirme: 45 dakika Verim: 4 porsiyon

GEREKIRSE TAVUĞU KURULAYIN.KIZARTMADAN ÖNCE MARINEDEN ÇIKARDIKTAN SONRA KAĞIT HAVLUYLA. ETIN IÇINDE KALAN SIVI SICAK YAĞIN SIÇRAMASINA NEDEN OLACAKTIR.

8 kemikli tavuk budu (1½ ila 2 pound), derisiz

¾ bardak beyaz veya elma sirkesi

¾ bardak taze portakal suyu

½ bardak su

¼ bardak doğranmış soğan

¼ bardak taze kişniş, doğranmış

4 diş sarımsak, kıyılmış

½ çay kaşığı karabiber

1 yemek kaşığı zeytinyağı

1 carambola, doğranmış

1 su bardağı tavuk kemik suyu (bkz.yemek tarifi) veya tuzsuz tavuk suyu

2 adet 9 onsluk paket taze ıspanak yaprağı

taze kişniş yaprakları (isteğe bağlı)

1. Tavuğu paslanmaz çelik veya emaye tencereye koyun; erteleyin Orta boy bir kapta sirkeyi, portakal suyunu, suyu, soğanı, ¼ bardak doğranmış kişnişi, sarımsağı ve biberi birleştirin; tavukların üzerine

dökün. Kapağını kapatıp buzdolabında 4-8 saat marine edin.

2. Tavuk karışımını bir tencerede orta-yüksek ateşte kaynatın; ısıyı azaltmak Kapağını kapatın ve 35-40 dakika veya tavuk artık pembe (175°F) rengi kalmayana kadar pişirin.

3. Yağı ekstra büyük bir tavada orta-yüksek ateşte ısıtın. Maşa kullanarak tavuğu Hollandalı fırından çıkarın, pişirme sıvısını boşaltmak için hafifçe sallayın; pişirme sıvısını ayırın. Tavuğun her tarafı eşit şekilde kızarsın diye sık sık çevirerek kızartın.

4. Bu arada sosun pişirme sıvısını süzün; Hollanda fırınına dönün. Kaynatın. Biraz küçültmek ve kalınlaştırmak için yaklaşık 4 dakika pişirin; carambola'yı ekleyin; 1 dakika daha pişirin. Tavuğu Hollanda fırınındaki sosa geri koyun. Ateşten alın; sıcak tutmak için örtün.

5. Tavayı temizleyin. Tavuk kemik suyunu tavaya dökün. Orta-yüksek ateşte kaynatın; ıspanak ekleyin. Ateşi azaltın; 1-2 dakika veya ıspanaklar yumuşayana kadar sürekli karıştırarak pişirin. Delikli bir kaşık kullanarak ıspanakları servis tabağına aktarın. Üstüne tavuk ve sos ekleyin. İstenirse kişniş yaprakları serpin.

CHIPOTLE MAYO ILE POBLANA TAVUK VE LAHANA TACOS

EV ÖDEVI:25 dakika pişirin: 40 dakika Verim: 4 porsiyon

BU KIRLI AMA LEZZETLI TACOLARI SERVIS EDINLAHANA YAPRAĞINI YERKEN DÜŞEN IÇ MALZEMEYI YAKALAMAK IÇIN ÇATAL KULLANIN.

1 yemek kaşığı zeytinyağı

2 poblano biber, çekirdekleri çıkarılmış (istenirse) ve öğütülmüş (bkz.<u>eğim</u>)

½ su bardağı doğranmış soğan

3 diş kıyılmış sarımsak

1 yemek kaşığı tuzsuz biber tozu

2 çay kaşığı öğütülmüş kimyon

½ çay kaşığı karabiber

1 8 onsluk tuz eklenmemiş ketçap

¾ bardak tavuk kemik suyu (bkz.<u>yemek tarifi</u>) veya tuzsuz tavuk suyu

1 çay kaşığı kurutulmuş Meksika kekiği, doğranmış

1 ila 1 ½ pound kemiksiz, derisiz tavuk butları

10-12 orta ila büyük lahana yaprağı

Chipotle Paleo Mayo (bkz.<u>yemek tarifi</u>)

1. Fırını önceden 350° F'ye ısıtın. Yağı, fırına dayanıklı büyük bir tavada orta-yüksek ateşte ısıtın. Poblano biberi, soğan ve sarımsağı ekleyin; 2 dakika pişirin ve karıştırın. Toz biberi, kimyonu ve karabiberi ekleyin; 1 dakika daha pişirin ve karıştırın

(gerekirse baharatların yanmasını önlemek için ısıyı azaltın).

2. Domates sosunu, tavuk kemik suyunu ve kekiği tavaya dökün. Kaynatın. Tavuk butlarını dikkatlice domates karışımına katlayın. Tavayı bir kapakla kapatın. Yaklaşık 40 dakika veya tavuk yumuşayana kadar (175°F) pişirin, yarıya kadar çevirin.

3. Tavuğu tavadan çıkarın; hafifçe soğutun. İki çatal kullanarak tavuğu küçük parçalara ayırın. Kıyılmış tavukları tavadaki domates karışımına ekleyin.

4. Servis etmek için tavuk karışımını lahana yapraklarının üzerine dökün; Chipotle Paleo Mayo ile üst.

HAVUÇ VE ÇIN LAHANASI ILE TAVUK GÜVEÇ

EV ÖDEVI:Pişirme 15 dakika: dinlenme 24 dakika: 2 dakika Verim: 4 porsiyon

BEBEK ÇIN LAHANASI ÇOK HASSASTIRVE ÇOK AZ ZAMANDA ÇOK FAZLA ŞEY YAPABILIRSINIZ. KURU VEYA ISLANMADAN GEVREK VE TAZE KALMASINI SAĞLAMAK IÇIN, GÜVECI SICAK, KAPALI BIR TENCEREDE (ATEŞTEN UZAK) SERVIS ETMEDEN ÖNCE EN FAZLA 2 DAKIKA BOYUNCA BUHARDA PIŞIRIN.

2 yemek kaşığı zeytinyağı

1 pırasa dilimlenmiş (beyaz ve açık yeşil kısımları)

4 bardak tavuk kemik suyu (bkz.<u>yemek tarifi</u>) veya tuzsuz tavuk suyu

1 bardak kuru beyaz şarap

1 yemek kaşığı Dijon usulü hardal (bkz.<u>yemek tarifi</u>)

½ çay kaşığı karabiber

1 dal taze kekik

1¼ pound kemiksiz, derisiz tavuk butları, 1 inçlik parçalar halinde kesilmiş

Üstleri soyulmuş, kesilmiş ve uzunlamasına ikiye bölünmüş 8 ons bebek havuç veya uzunlamasına dilimlenmiş 2 orta boy havuç

2 çay kaşığı ince rendelenmiş limon kabuğu rendesi (ayrılmış)

1 yemek kaşığı taze limon suyu

2 baş baby bok choy

½ çay kaşığı taze kekik, doğranmış

1. 1 yemek kaşığı zeytinyağını büyük bir tencerede orta ateşte ısıtın. Pırasaları sıcak yağda 3-4 dakika veya yumuşayana kadar kızartın. Tavuk kemiği suyunu, şarabı, Dijon usulü hardalı, ¼ çay kaşığı biberi ve bir tutam kekiği ekleyin. Kaynatın; ısıyı azaltmak 10-12 dakika veya sıvı yaklaşık üçte bir oranında azalıncaya kadar pişirin. Kekik dalını atın.

2. Bu arada kalan 1 yemek kaşığı zeytinyağını Hollanda fırınında orta-yüksek ateşte ısıtın. Kalan ¼ çay kaşığı biberi tavuğa serpin. Sıcak yağda ara sıra karıştırarak yaklaşık 3 dakika veya altın rengi kahverengi olana kadar kızartın. Gerekirse yağı boşaltın. Azaltılmış stok karışımını dikkatlice tencereye dökün, kahverengi parçaları kazıyın; havuç ekleyin. Kaynatın; ısıyı azaltmak Kapağını açmadan 8-10 dakika veya havuçlar yumuşayana kadar pişirin. Limon suyu ekleyin. Çin lahanasını uzunlamasına ikiye bölün. (Çikolata başları büyükse dörde bölün.) Çin lahanasını tavuğun üzerine yerleştirin. Örtün ve ateşten çıkarın; 2 dakika dinlendirin.

3. Güveci sığ kaselerde servis edin. Limon kabuğu rendesi ve kekik şeritlerini serpin.

KAJU FISTIKLI, PORTAKALLI VE TATLI BIBERLI MARUL SARMALARINDA KIZARMIS TAVUK

BITIRMEK IÇIN BAŞLA:Kadın: 45 dakikada 4 ila 6 porsiyon

İKI TÜR BULACAKSINIZRAFLARDA HINDISTANCEVIZI YAĞI, RAFINE EDILMIŞ VE SIZMA VEYA RAFINE EDILMEMIŞ. ADINDAN DA ANLAŞILACAĞI GIBI SIZMA HINDISTANCEVIZI YAĞI, TAZE, ÇIĞ HINDISTANCEVIZININ ILK PRESLENMESINDEN ELDE EDILIR. BU, ORTA VEYA ORTA-YÜKSEK ATEŞTE PIŞIRMEK IÇIN HER ZAMAN EN IYI SEÇIMDIR. RAFINE EDILMIŞ HINDISTANCEVIZI YAĞININ DUMANLANMA NOKTASI DAHA YÜKSEKTIR, BU NEDENLE ONU YALNIZCA YÜKSEK ATEŞTE PIŞIRIRKEN KULLANIN.

- 1 yemek kaşığı rafine hindistan cevizi yağı
- 1½ ila 2 pound kemiksiz, derisiz tavuk butları, ince ısırık büyüklüğünde şeritler halinde kesilmiş
- 3 adet kırmızı, turuncu ve/veya sarı biber, sapları çıkarılmış, çekirdekleri çıkarılmış ve ince dilimlenmiş
- 1 kırmızı soğan, uzunlamasına ikiye bölünmüş ve ince dilimlenmiş
- 1 çay kaşığı ince rendelenmiş portakal kabuğu (rezerv)
- ½ su bardağı taze portakal suyu
- 1 yemek kaşığı taze çekilmiş zencefil
- 3 diş kıyılmış sarımsak
- 1 bardak tuzsuz çiğ kaju fıstığı, kızartılmış ve doğranmış (bkz.<u>eğim</u>)

½ su bardağı doğranmış yeşil soğan (4)

8-10 yaprak tereyağı veya marul

1. Hindistan cevizi yağını wok veya büyük bir tavada yüksek ateşte ısıtın. Tavuğu ekleyin; 2 dakika pişirin ve karıştırın. Biberleri ve soğanı ekleyin; 2-3 dakika veya sebzeler yumuşamaya başlayana kadar pişirin ve karıştırın. Tavuğu ve sebzeleri wok'tan çıkarın; sıcak tutmak

2. Tavayı kağıt havluyla silin. Portakal suyunu wok'a ekleyin. Yaklaşık 3 dakika veya meyve suları kaynayıp biraz azalıncaya kadar pişirin. Zencefil ve sarımsağı ekleyin. 1 dakika pişirin ve karıştırın. Tavuk ve biber karışımını wok'a geri koyun. Portakal kabuğunu, kaju fıstığını ve soğanı ekleyin. Marul yaprakları üzerinde kızartılarak servis yapın.

HINDISTAN CEVIZI VE LIMONLU VIETNAM USULÜ TAVUK

BU HIZLI HINDISTAN CEVIZI KÖRILIISIRMAYA BAŞLADIĞINIZ ANDAN ITIBAREN 30 DAKIKA IÇINDE MASADA OLABILIR, BU DA ONU YOĞUN BIR HAFTA SONU IÇIN MÜKEMMEL BIR YEMEK HALINE GETIRIR.

1 yemek kaşığı rafine edilmemiş hindistancevizi yağı

4 limon sapı (sadece soluk kısımları)

1 3,2 onsluk paket istiridye mantarı, doğranmış

1 büyük soğan, ince dilimlenmiş, halkaları ikiye bölünmüş

1 taze jalapeno, çekirdekleri çıkarılmış ve ince doğranmış (bkz.eğim)

2 yemek kaşığı doğranmış taze zencefil

3 diş kıyılmış sarımsak

1½ pound kemiksiz, derisiz tavuk butları, ince dilimlenmiş ve küçük parçalar halinde kesilmiş

½ bardak normal hindistan cevizi sütü (Doğanın Yolu gibi)

½ bardak tavuk kemik suyu (bkz.yemek tarifi) veya tuzsuz tavuk suyu

1 yemek kaşığı tuzsuz kırmızı köri tozu

½ çay kaşığı karabiber

½ su bardağı doğranmış taze fesleğen yaprağı

2 yemek kaşığı taze limon suyu

Şekersiz rendelenmiş hindistan cevizi (isteğe bağlı)

1. Hindistan cevizi yağını ekstra büyük bir tavada orta ateşte ısıtın. Limon ekleyin; 1 dakika pişirin ve karıştırın. Mantarları, soğanı, jalapeno biberini, zencefili ve sarımsağı ekleyin; 2 dakika veya soğan yumuşayana kadar pişirin ve karıştırın. Tavuğu ekleyin; yaklaşık 3 dakika veya tavuk tamamen pişene kadar pişirin.

2. Küçük bir kapta hindistan cevizi sütünü, tavuk kemiği suyunu, köri tozunu ve karabiberi birleştirin. Tavaya tavuk karışımını ekleyin; 1 dakika veya sıvı hafifçe kalınlaşana kadar pişirin. Ateşten alın; taze fesleğen ve limon suyu ekleyin. İstenirse porsiyonlara hindistan cevizi serpebilirsiniz.

IZGARA TAVUK VE ELMALI HINDIBA SALATASI

EV ÖDEVI:Izgarada 30 dakika: 12 dakika Verim: 4 porsiyon

DAHA TATLI BIR ELMAYI SEVIYORSANIZBALLI GEVREKLE GIT. ELMALI TURTAYI SEVIYORSANIZ BÜYÜKANNE DEMIRCI KULLANIN VEYA DENGE IÇIN IKISININ KARISIMINI DENEYIN.

3 orta boy Honeycrisp veya Granny Smith elması

4 çay kaşığı sızma zeytinyağı

½ su bardağı ince kıyılmış arpacık soğanı

2 yemek kaşığı kıyılmış taze maydanoz

1 yemek kaşığı kümes hayvanı baharatı

3-4 hindiba, dörde bölünmüş

1 kiloluk öğütülmüş tavuk veya hindi göğsü

⅓ su bardağı kıyılmış kavrulmuş fındık*

⅓ fincan klasik Fransız salata sosu (bkz.<u>yemek tarifi</u>)

1. Elmaları ikiye bölün ve çıkarın. 1 elmayı soyun ve ince ince doğrayın. 1 çay kaşığı zeytinyağını orta boy bir tavada, orta ateşte ısıtın. Kıyılmış elmayı ve arpacık soğanı ekleyin; yumuşayana kadar pişirin. Maydanoz ve tavuk baharatını ekleyin. Soğumaya bırakın.

2. Bu arada kalan 2 elmayı çekirdeklerini çıkarın ve dilimler halinde kesin. Elma dilimlerinin kesilmiş taraflarını fırçalayın ve kalan zeytinyağını hindiba ile süsleyin. Tavuk ve soğutulmuş elma karışımını

geniş bir kapta birleştirin. Sekiz parçaya bölün; her porsiyonu 2 inçlik bir kek haline getirin.

3. Kömürlü veya gazlı ızgaralar için, tavuk köftelerini ve elma dilimlerini orta ateşte doğrudan ızgaraya yerleştirin. Kapağını kapatıp 10 dakika ızgara yapın, ızgaranın yarısına gelindiğinde bir kez çevirin. Hindibayı ekleyin, yanlarını kesin. Kapağı kapatın ve 2 ila 4 dakika veya hindiba hafifçe kömürleşene, elmalar yumuşayana ve tavuk köfteleri tamamen pişene (165°F) kadar kavurun.

4. Hindibayı büyük parçalar halinde kesin. Hindibayı dört servis tabağına bölün. Üstüne tavuk empanadas, elma dilimleri ve fındık ekleyin. Klasik Fransız salata sosuyla karıştırın.

*İpucu: Fındıkları kızartmak için fırını önceden 350° F'ye ısıtın. Fıstıkları sığ bir pişirme kabına tek kat halinde yayın. 8-10 dakika veya hafifçe kızarana kadar pişirin, eşit kızarma için bir kez çevirin. Fındıkları hafifçe soğutun. Sıcak fındıkları temiz bir kurulama bezinin üzerine koyun; Gevşek cildi çıkarmak için bir havluyla ovalayın.

LAHANA ŞERITLERI ILE TOSKANA TAVUK ÇORBASI

EV ÖDEVI:Pişirme süresi: 15 dakika: 20 dakika Verim: 4 ila 6 porsiyon

BIR KAŞIK PESTO- FESLEĞEN VEYA ROKA SEÇIMINIZ: BU LEZZETLI TUZSUZ KÜMES HAYVANI ÇORBASINA LEZZET KATIN. LAHANAYI PARLAK YEŞIL VE BESINLERLE DOLU TUTMAK IÇIN, SOLANA KADAR PIŞIRIN.

- 1 kiloluk öğütülmüş tavuk
- 2 yemek kaşığı tuzsuz kümes hayvanı baharatı
- 1 çay kaşığı ince rendelenmiş limon kabuğu
- 1 yemek kaşığı zeytinyağı
- 1 su bardağı doğranmış soğan
- ½ su bardağı doğranmış havuç
- 1 su bardağı doğranmış kereviz
- 4 diş sarımsak, kıyılmış
- 4 bardak tavuk kemik suyu (bkz.<u>yemek tarifi</u>) veya tuzsuz tavuk suyu
- 1 14,5 onsluk tuz eklenmemiş, süzülmemiş ateşte kavrulmuş domates
- 1 demet Lacinato (Toskana) lahanası (sapsız, parçalara ayrılmış)
- 2 yemek kaşığı taze limon suyu
- 1 çay kaşığı taze kekik, şeritler halinde kesilmiş
- Fesleğen veya roka pesto (bkz.<u>yemek tarifleri</u>)

1. Orta boy bir kapta, öğütülmüş tavuğu, kümes hayvanı baharatını ve limon kabuğu rendesini birleştirin. iyice karıştırın

2. Zeytinyağını Hollanda fırınında orta ateşte ısıtın. Tavuk karışımını, soğanı, havuçları ve kerevizi ekleyin; Eti parçalamak için tahta kaşıkla karıştırarak 5-8 dakika veya tavuk artık pembeleşmeyene kadar pişirin ve pişirmenin son dakikasında diş sarımsakları ekleyin. Tavuk kemik suyunu ve domatesleri dökün. Kaynatın; ısıyı azaltmak Kapağını kapatıp kısık ateşte 15 dakika pişirin. Lahanayı, limon suyunu ve kekiği ekleyin. Kısık ateşte, kapağı açık olarak yaklaşık 5 dakika veya lahanalar yumuşayıncaya kadar pişirin.

3. Servis yapmak için çorbayı kaselere koyun ve üzerine fesleğen veya roka pesto ekleyin.

TAVUK LARB

EV ÖDEVI:15 dakika pişirin: Soğutun 8 dakika: 20 dakika
Verim: 4 porsiyon

POPÜLER BIR TAYLAND YEMEĞININ BU VERSIYONUMARUL YAPRAKLARI ÜZERINDE SERVIS EDILEN SON DERECE BAHARATLI TAVUK VE SEBZELER INANILMAZ DERECEDE HAFIF VE LEZZETLIDIR; GELENEKSEL OLARAK 'IÇERIKLER' LISTESINI OLUŞTURAN ILAVE ŞEKER, TUZ VE BALIK SOSU (SODYUM ORANI ÇOK YÜKSEKTIR) IÇERMEZ. SARIMSAK, TAY BIBERI, CITRONELLA, LIMON KABUĞU RENDESI, LIMON SUYU, NANE VE KIŞNIŞ ILE BUNU KAÇIRAMAZSINIZ.

- 1 yemek kaşığı rafine hindistan cevizi yağı
- 2 pound öğütülmüş tavuk (%95 yağsız göğüs veya öğütülmüş)
- 8 ons mantar, ince doğranmış
- 1 su bardağı ince doğranmış kırmızı soğan
- 1-2 Tay biberi, çekirdekleri çıkarılmış ve ince doğranmış (bkz.eğim)
- 2 yemek kaşığı kıyılmış sarımsak
- 2 yemek kaşığı ince doğranmış limon *
- ¼ çay kaşığı öğütülmüş karanfil
- ¼ çay kaşığı karabiber
- 1 yemek kaşığı ince rendelenmiş limon kabuğu
- ½ su bardağı taze limon suyu
- ⅓ fincan sıkıca paketlenmiş taze nane yaprakları, doğranmış

⅓ bardak sıkıca paketlenmiş taze kişniş, doğranmış

1 baş buzdağı marul, yapraklara bölünmüş

1. Hindistan cevizi yağını ekstra büyük bir tavada orta-yüksek ateşte ısıtın. Öğütülmüş tavuğu, mantarları, soğanı, biberleri, sarımsağı, limonu, karanfilleri ve karabiberi ekleyin. 8-10 dakika veya tavuk tamamen pişene kadar pişirin, pişerken eti parçalamak için tahta bir kaşıkla karıştırın. Gerekirse boşaltın. Tavuk karışımını ekstra geniş bir kaseye aktarın. Ara sıra karıştırarak yaklaşık 20 dakika veya oda sıcaklığından biraz daha sıcak olana kadar soğumaya bırakın.

2. Tavuk karışımına limon kabuğu rendesini, limon suyunu, naneyi ve kişnişi ekleyin. Marul yaprakları üzerinde servis yapın.

*İpucu: Limonu hazırlamak için keskin bir bıçağa ihtiyacınız olacak. Bitkinin alt kısmındaki odunsu sapı ve üst kısmındaki sert yeşil yaprakları kesin. İki sert dış katmanı çıkarın. Yaklaşık 6 inç uzunluğunda ve soluk sarı renkli bir limon parçasına sahip olmalısınız. Sapı yatay olarak ikiye bölün, ardından her yarımı tekrar ikiye bölün. Her bir sap çeyreğini çok ince dilimler halinde kesin.

SZECHWAN KAJU SOSLU TAVUK BURGERLER

EV ÖDEVI:Pişirme 30 dakika: 5 dakika Izgara: 14 dakika
Verim: 4 porsiyon

BIBER YAĞI ISITILARAK YAPILIREZILMIŞ KIRMIZI
BIBERLI ZEYTINYAĞI BAŞKA ŞEKILLERDE DE
KULLANILABILIR. TAZE SEBZELERI SOTELEMEK IÇIN
KULLANIN VEYA PIŞIRMEDEN ÖNCE ÜZERLERINE
BIRAZ BIBER YAĞI GEZDIRIN.

2 yemek kaşığı zeytinyağı
¼ çay kaşığı öğütülmüş kırmızı biber
2 bardak çiğ ve kavrulmuş kaju fıstığı (bkz.eğim)
¼ bardak zeytinyağı
½ su bardağı rendelenmiş kabak
¼ bardak ince kıyılmış sarımsak
2 diş kıyılmış sarımsak
2 çay kaşığı ince rendelenmiş limon kabuğu
2 çay kaşığı rendelenmiş taze zencefil
1 kiloluk öğütülmüş tavuk veya hindi göğsü

SZECHWAN KAJU SOSU
1 yemek kaşığı zeytinyağı
2 yemek kaşığı ince doğranmış frenk soğanı
1 yemek kaşığı rendelenmiş taze zencefil
1 çay kaşığı Çin beş baharat tozu
1 çay kaşığı taze limon suyu
4 yaprak yeşil marul veya tereyağı

1. Biber yağı için zeytinyağını ve toz kırmızı biberi küçük bir tencerede birleştirin. 5 dakika kısık ateşte ısıtın. Ateşten alın; soğumasına izin verin.

2. Kaju ezmesi için kaju fıstıklarını ve 1 yemek kaşığı zeytinyağını blendera koyun. Kapağı kapatın ve krema kıvamına gelinceye kadar karıştırın, gerektiğinde kenarlarını sıyırmak için durun ve ¼ bardağın tamamını kullanana ve tereyağı pürüzsüz hale gelinceye kadar her seferinde 1 çorba kaşığı zeytinyağı ekleyin; erteleme

3. Büyük bir kapta kabak, yeşil soğan, sarımsak, limon kabuğu rendesi ve 2 çay kaşığı zencefili birleştirin. Öğütülmüş tavuğu ekleyin; İyice karıştırın. Tavuk karışımını dört adet ½ inç kalınlığında köfteler halinde şekillendirin.

4. Kömürlü veya gazlı ızgaralar için, patatesleri doğrudan orta ateşte yağlanmış bir ızgaraya yerleştirin. Kapağı kapatın ve 14-16 dakika veya pişene kadar (165°F) ızgara yapın, ızgara işleminin yarısında bir kez çevirin.

5. Bu arada sos için zeytinyağını bir tavada orta ateşte ısıtın. Frenk soğanı ve 1 yemek kaşığı zencefil ekleyin; orta-düşük ateşte 2 dakika veya soğanlar yumuşayana kadar pişirin. ½ fincan kaju yağı (kaju yağını 1 haftaya kadar buzdolabında saklayın), kırmızı biber yağı, limon suyu ve beş baharat tozunu ekleyin. 2 dakika daha pişirin. Ateşten alın.

6. Empanadaları marul yaprakları üzerinde servis edin. Sosla gezdirin.

TÜRK TAVUK DÜRÜMLERI

EV ÖDEVI:25 dakika Dinlenme süresi: 15 dakika Pişirme süresi: 8 dakika Verim: 4-6 porsiyon

"BAHARAT", ARAPÇA'DA "BAHARAT" ANLAMINA GELIR.ORTA DOGU YEMEKLERINDE ÇOK YÖNLÜ BIR BAHARAT OLAN BU BAHARAT, GENELLIKLE BALIK, KÜMES HAYVANLARI VE ETIN ÜZERINE SÜRÜLEREK VEYA ZEYTINYAGIYLA KARISTIRILARAK SEBZE TURSUSU OLARAK KULLANILIR. TARÇIN, KIMYON, KISNIS, KARANFIL VE KIRMIZI BIBER GIBI TATLI VE SICAK BAHARATLARIN BIRLESIMI ONU ÖZELLIKLE AROMATIK HALE GETIRIR. KURU NANE EKLEMEK BIR TÜRK DOKUNUSUDUR.

⅓ bardak tuzsuz kuru kayısı, doğranmış

⅓ su bardağı doğranmış kuru incir

1 yemek kaşığı rafine edilmemiş hindistancevizi yağı

1½ pound öğütülmüş tavuk göğsü

3 su bardağı doğranmış pırasa (sadece beyaz ve açık yeşil kısımları) (3)

⅔ orta boy yeşil ve/veya kırmızı biber, ince dilimlenmiş

2 yemek kaşığı Baharat baharatları (bkz.yemek tarifi, uyarınca)

2 diş kıyılmış sarımsak

1 su bardağı çekirdeksiz domates, doğranmış (2 orta boy)

1 su bardağı çekirdeksiz salatalık, dilimlenmiş (½ orta boy)

½ bardak tuzsuz antep fıstığı, soyulmuş ve doğranmış, kızartılmış (bkz.eğim)

¼ bardak doğranmış taze nane

¼ bardak doğranmış taze maydanoz

8-12 büyük yaprak tereyağlı marul veya Bibb marul

1. Kayısı ve incirleri küçük bir kaseye koyun. ⅔ bardak kaynar su ekleyin; 15 dakika dinlenmeye bırakın. Boşaltın, ½ bardak sıvı ayırın.

2. Bu arada hindistancevizi yağını ekstra büyük bir tavada orta ateşte ısıtın. Öğütülmüş tavuğu ekleyin; Eti pişerken parçalamak için tahta kaşıkla karıştırarak 3 dakika pişirin. Pırasa, kırmızı biber, Baharat baharatları ve sarımsağı ekleyin; Yaklaşık 3 dakika veya tavuk iyice pişene ve biberler yumuşayana kadar pişirin ve karıştırın. Kayısıları, incirleri, ayrılmış sıvıyağı, domatesleri ve salatalıkları ekleyin. Yaklaşık 2 dakika veya domatesler ve salatalıklar parçalanmaya başlayıncaya kadar pişirin ve karıştırın. Antep fıstığını, naneyi ve maydanozu ekleyin.

3. Tavuk ve sebzeleri marul yaprakları üzerinde servis edin.

Baharat Baharatları: Küçük bir kapta 2 yemek kaşığı kırmızı biberi birleştirin; 1 yemek kaşığı karabiber; 2 çay kaşığı kuru nane, iyice ezilmiş; 2 çay kaşığı öğütülmüş kimyon; 2 çay kaşığı öğütülmüş kişniş; 2 çay kaşığı öğütülmüş tarçın; 2 çay kaşığı öğütülmüş karanfil; 1 çay kaşığı öğütülmüş hindistan cevizi; ve 1 çay kaşığı öğütülmüş kakule. Sıkıca kapatılmış bir kapta oda sıcaklığında saklayın. Yaklaşık ½ bardak yapar.

İSPANYOL CORNISH TAVUKLARI

EV ÖDEVI:10 dakika pişirme: 30 dakika pişirme: 6 dakika
Verim: 2-3 porsiyon

BU TARIF DAHA KOLAY OLAMAZDI"VE SONUÇLAR
GERÇEKTEN MUHTESEM. BOL MIKTARDA FÜME
KIRMIZI BIBER, SARIMSAK VE LIMON BU KUSLARA
HARIKA BIR TAT VERIYOR.

2 1½ kiloluk Cornish tavuğu, donmuşsa çözülmüş

1 yemek kaşığı zeytinyağı

6 diş kıyılmış sarımsak

2-3 yemek kaşığı tatlı füme kırmızı biber

¼ ila ½ çay kaşığı acı biber (isteğe bağlı)

2 limon, dörde bölünmüş

2 yemek kaşığı kıyılmış taze maydanoz (isteğe bağlı)

1. Fırını 375°F'ye önceden ısıtın. Tavukları dörde
   bölmek için mutfak makası veya keskin bir bıçak
   kullanarak dar omurganın her iki tarafını da kesin.
   Kelebek kuşunu açın ve tavuğu göğüs kemiği
   boyunca ikiye bölün. Uylukları göğüsten ayırarak
   deriyi ve eti keserek arka kısmı çıkarın. Kanadı ve
   göğsü sağlam tutun. Cornish tavuk parçalarını
   zeytinyağıyla ovalayın. Kıyılmış sarımsak serpin.

2. Tavuk parçalarını deri tarafı yukarı bakacak şekilde
   çok büyük, fırına dayanıklı bir tavaya yerleştirin.
   Füme kırmızı biber ve kırmızı biber serpin.
   Tavukların üzerine limon dilimlerini sıkın; tavaya
   limon çeyrekleri ekleyin. Tavada tavuk parçalarını

derisi alta gelecek şekilde çevirin. Kapağını kapatıp 30 dakika pişirin. Tavayı fırından çıkarın.

3. Izgarayı ısıtın. Parçaları maşayla çevirin. Fırın rafını ayarlayın. Derisi altın rengi kahverengi olana ve tavuk iyice pişene (175°F) kadar, 6 ila 8 dakika boyunca, ısıdan 4 ila 5 inç uzakta ızgara yapın. Tavaya meyve sularını püskürtün. İstenirse maydanoz serpin.

NAR VE JICAMA SALATASI ILE ÖRDEK GÖGSÜ

ELMAS DESENINI KESINÖRDEK GÖGÜSLERINDEN ELDE EDILEN YAG, GARAM MASALA BAHARATLI GÖGÜSLER YAPILIRKEN YAGIN DAMLAMASINI SAGLAR. YAG, JICAMA, NAR TANELERI, PORTAKAL SUYU, ET SUYU ILE KARISTIRILARAK BAHARATLI SEBZELERLE KARISTIRILARAK BIRAZ SOLDURULUR.

- 4 yağsız, kemiksiz ördek göğsü (toplamda yaklaşık 1½ ila 2 pound)
- 1 yemek kaşığı garam masala
- 1 yemek kaşığı rafine edilmemiş hindistancevizi yağı
- 2 bardak jicama, soyulmuş ve doğranmış
- ½ bardak nar taneleri
- ¼ bardak taze portakal suyu
- ¼ bardak sığır eti kemik suyu (bkz.<u>yemek tarifi</u>) veya tuzsuz et suyu
- 3 su bardağı sapsız su teresi
- 3 su bardağı kırık friz ve/veya ince dilimlenmiş Belçika hindibası

1. Keskin bir bıçak kullanarak ördek göğüslerinin yağlarında 1 inç aralıklarla elmas şeklinde sığ kesimler yapın. Izgaranın her iki tarafına garam masala serpin. Ekstra büyük bir tavayı orta ateşte ısıtın. Hindistan cevizi yağını sıcak bir tavada eritin. Göğüs taraflarını deri tarafı aşağı bakacak şekilde tavaya yerleştirin. Deri tarafı aşağı bakacak şekilde

8 dakika pişirin, çok çabuk kızarmamaya dikkat edin (gerekirse ısıyı azaltın). Ördek göğsünü ters çevirin; 5 ila 6 dakika daha pişirin veya göğsün yanlarına yerleştirilen anında okunan bir termometre ortalama 145° F sıcaklık kaydedene kadar pişirin. Yağı tavada bırakarak göğüs yarımlarını çıkarın; Sıcak tutmak için alüminyum folyo ile örtün.

2. Pansuman için tava yağına jicama ekleyin; orta ateşte 2 dakika pişirin ve karıştırın. Nar tanelerini, portakal suyunu ve dana kemik suyunu tavaya ekleyin. Kaynatın; derhal ocaktan alın.

3. Salata için su teresi ve kızartmayı geniş bir kapta birleştirin. Acı sosu sebzelerin üzerine dökün; havlu atmak

4. Salatayı dört tabağa bölün. Ördek göğüslerini ince dilimler halinde kesip salataya ekleyin.